新しい幸福論

橘木俊詔
Toshiaki Tachibanaki

岩波新書
1605

はしがき

日本では少子高齢化が急速に進行中である。これにより労働力は不足し、家計の需要は減っていくので、経済成長率は負にならざるをえない。しかし、いまの安倍内閣は実質二％の成長経済を考えており、「一億総活躍社会」を謳って国民に働け、働けと煽っている。潜在的な成長率が負であっても、経営者や政治家は決して経済の衰退を口にしないことを知っておきたい。

もうひとつ、重要なことがある。一九八〇年ごろから二〇〇五年あたりまで日本の経済成長率は小さいながらも正の数字が多かったが、人々の生活の満足度(幸福度)は低下してきた。経済的には豊かさを増したにもかかわらず、幸福ではない、という気持ちが高まったのである。そうであるならば、経済成長率を上げることより、国民が心豊かな、幸せを感じられる政策を考えることのほうがより重要ではないか、という問いが生まれる。この問いに応えるべく、この本を執筆した。

日本では格差社会が、ますます深刻化している。そこでこの本では、どのような状況下で、人々の間での所得と資産の格差が拡大中であるかを明らかにしたうえで、日本が資本主義国のなかでも有数の貧困大国になったことを明らかにしたい。そしてどのようにすれば貧富の差を縮小することが可能なのかを論じる。ただし、経済にダメージを与えないような、そして、幸福度を上げることを同時に達成するようなもろもろの政策を考えたい。

なお日々の生活の経済的な保障は必須であり、そのための国の政策のありかたにも言及する。

これまでの「幸福論」は、哲学、社会学、心理学、文学などを中心に論じられてきた。本書の特色は、経済的な豊かさと人々の幸福度との関係を柱にして分析しているので、経済学の視点を加えたことにある。この本を『新しい幸福論』と名づけた所以である。そのため、成長経済を求めることの是非、どういう働き方をすれば人は幸せを感じるのか、といったことを論じていきたい。そのなかで、働くことに特化するよりも、心豊かな生活を送ることのほうが幸せな人生では、ということを考えたい。

最後に、ここで述べた幸せに満ちた生活を送るためには、どういう姿勢で人生に臨めばよいのか、まわりの企業や政府はどういう制度と政策をつくればよいのか、といったことを論じる。私たちは社会のなかで生きている。個人、家族、企業、政府が一体となって住みやすくて生きがいを感じる社会をつくることが、人々を究極的に幸福にするのである。

目次

第1章　ますます深刻化する格差社会

日本が貧富の差が大きい格差社会に入ったとの認識は、一部の反対論は確実にあるが、ほぼ合意が形成されている。

近年、世界で注目を浴びたトマ・ピケティの『21世紀の資本』(二〇一四)も、先進国での格差拡大、とくに高額所得者・高資産保有者がますます富裕化していることに警鐘を鳴らした。日本はアメリカほどではないが、格差拡大中の国である。これらは所得・資産といった結果の格差のみならず、教育や職業などの機会の格差、あるいは平等・不平等についても同様なことが言える。

本章では、これらがますます深刻化していることを明らかにし、なぜそのような社会になりつつあるのかを検討していきたい。

1　お金持ちの所得が高くなっている

日本のお金持ち

世の中に高所得を稼ぐ人と高資産を保有している人のいることは、誰でも知っている。日頃住んでいる地域においても、たとえば東京の田園調布や成城、関西の芦屋といった地域では、広い庭付きの豪邸に住む人のいることは、皆の知るところである。そしてたとえばそれらの家のガレージには高価な外車が何台もあるかもしれない、別荘を持っているかもしれない、豪勢な世界一周の旅をしているかもしれない、といった想像はできるであろう。

このようにお金持ちの存在はわかっていたが、これまでの日本ではその実態はさほど明らかではなかった。なぜそうだったのだろうか。いくつかの理由が考えられる。

第一に、日本は一億総中流社会と言われてきたので、お金持ちや貧しい人の数は少ないだろうと多くの人が信じてきた。そうすると、お金持ちはたぶんいるだろうが、ほんの少数者にすぎないのなら、「まあ、いいか」という判断があったのだろう。すなわち国民の関心が薄かったのである。そのことから、お金持ちについてのデータ収集が豊富ではなかった。

第二に、高額所得者の所得税率が高いと、みんなが思い込んでいたことがある。それは二〇年ほど前までは正しかった。たとえ高額所得者の稼ぐ額は高くとも、高い税金を政府が徴収しているなら、再分配政策が機能しているので「それでいい」という気持ちを抱いていた。

この章では第一のことに関して、最新の事実によるとそれはもう幻想にすぎないことを明らかにする。また、後の章で所得の再分配の効果がかなり弱くなったことを明らかにしたい。

格差社会が叫ばれるようになると、お金持ちへの関心も高まり、その実態が明らかにされるようになった。たとえば、筆者はかつて、日本のお金持ちの歴史的な変遷、誰がお金持ちで何をしている人か、お金持ちの教育や消費行動・資産運用などをも含めて、その実態に関して本格的な分析をおこなった(橘木・森二〇〇五、二〇〇九)。その分析のなかで明らかになったことのうち、この本でこれから述べることを理解するうえでは、次の事実が重要である。

(一)いつの時代においてもお金持ちで目立つ層は、創業経営者のうち、事業に大成功した人である。自社株を保有することによる配当収入とキャピタルゲイン(株価の上昇による利得)の額が大きい。年収一億円以上のお金持ちのうち、三〇%強がそういう人であった。

(二)最近になって医師、とくに開業医では所得の高い人が多く、高額所得者の約一五%が医師である。

(三)歴史的な変遷に注目すると、高度経済成長期あたりからしばらくの間、上場企業の経営者にお金持ちがいた。そして八〇年代後期のバブルのあたりまでは土地保有者の所得が高いことが目立ったが、バブル崩壊で土地の所有によるお金持ちは減少した。

(四)最近になって一部の大企業経営者、いわゆるサラリーマン経営者が高額所得者であることが目立ってきた。

（五）芸能人、作家、プロスポーツ選手などで大成功した人のなかに高額所得者がいる。

高くなるお金持ちの所得額と資産額

日本の高額所得者の代表が創業経営者であり、そして最近はサラリーマン経営者の所得も高くなったことを確認するために、それらの人がどの程度の額を所得として受領しているのか、そしてその額が過去の所得額と比較して大きく増加していることを確認しておこう。

表1-1は、二〇一三年五月〜二〇一四年四月の決算期における経営者の配当を含む総額、配当収入、役員報酬を示したものである。もっとも多いのは孫正義ソフトバンク社長（現・グループ代表）である。総額は九五億五八〇〇万円であり、そのうち配当収入は実に九四億二八〇〇万円であり、経営者としての報酬は一億三〇〇〇万円にすぎない。総額のうち九八・六％が株保有による配当収入で占められている。彼はソフトバンク社の創業者であり、その事業が大成功を収めたことはよく知られている。創業経営者だけに自社株の保有残高は高いので、これだけの配当を得ることができるのであろう。

驚くべきことに、経営者としての役員報酬は意外と低い。カルロス・ゴーン日産自動車会長

表 1-1　配当を含む総額が多い経営者

（単位：100 万円）

		配当含む総額	配当収入	役員報酬
1	孫　正義（ソフトバンク〔社長〕）	9,558	9,428	130
2	柳井　正（ファーストリテイリング〔会・社〕）	7,066	6,666	400
3	里見　治（セガサミーホールディングス〔会・社〕）	1,979	1,344	635
4	橋本　浩（キョウデン〔前会長〕）	1,335	43	1,292
5	樫尾和雄（カシオ計算機〔代表取締〕）	1,311	78	※1,233
6	御手洗冨士夫（キヤノン〔会・社〕）	1,119	14	※1,105
7	C. ゴーン（日産自動車〔会・社〕）	1,088	93	995
8	樫尾幸雄（カシオ計算機〔前副社長〕）	1,083		※1,083
9	F. モリッヒ（武田薬品工業〔前取締〕）	1,016		1,016
10	豊田章男（トヨタ自動車〔社長〕）	987	757	230
11	三枝　匡（ミスミグループ本社〔取締〕）	902	2	900
12	毒島秀行（SANKYO〔会長〕）	884	434	450
13	山岸八郎（フジッコ〔前会長〕）	879	32	847
14	三津原博（日本調剤〔社長〕）	840	163	677
15	山田忠孝（武田薬品工業〔取締〕）	838		838
16	田邊耕二（ユーシン〔会・社〕）	836	2	834
17	岡田和生（ユニバーサルエンターテインメント〔会長〕）	810		810
18	山田　昇（ヤマダ電機〔社長〕）	802	559	243
19	大塚明彦（大塚ホールディングス〔会長〕）	726	227	499
20	富士本淳（ユニバーサルエンターテインメント〔社長〕）	687	11	676

注：2013 年 5 月～2014 年 4 月本決算までの有価証券報告書開示上場企業が対象．役職名は 2014 年 8 月時点で〔会・社〕は会長兼社長．役員報酬は子会社報酬や退職慰労金などを含み，※は退職慰労金制度打ち切りによる計上．単位未満切り捨て．
出所：東洋経済オンライン（2015 年 3 月 20 日）．

の九億九五〇〇万円と比較すれば、孫社長の役員報酬は約九分の一にすぎない。ただし、ゴーン会長は自社株の保有額がそれほど多くないので配当収入が少なく、総所得を多くするために役員報酬を高くしている事情がある。一方で、孫社長の場合には自社株や関連会社の株式を保有することによる配当収入が莫大な額になるので、あえて役員報酬を抑制しているのであろうか。

やや話題は変わるが、経営者としての報酬に注目すると、ゴーン会長が九億九五〇〇万円を得ていることが特記に値する。

これまでのサラリーマン経営者の年俸はせいぜい五〇〇〇万円から一億円程度であったが、この額が最近高騰している。ちなみに日本最大の企業であるトヨタ自動車の社長の報酬は二億三〇〇〇万円程度であったが、二〇一四年度は三億五〇〇〇万円に上っている。他にも五億円から八億円の報酬を得ている経営者がいるので、日本企業でも経営という仕事への報酬は急激に高くなっている。もっともアメリカの経営者の場合は何十億円に達しているので、今の日本ではまだアメリカに比べて低い。しかし、日本でもアメリカ型の経営方式に向かおうとしている傾向が読み取れる。

過去における最高の高額所得者と比較してみよう。二〇〇三年度は健康食品販売業・斎藤一人で、所得税納入額では一一億五〇〇〇万円だったので、推計所得額は約三三億円である。ただしこれは税率表からの逆推計額にすぎないので誤差はある。当時の高額所得者は納税額で公表されていたことに留意されたい。ちなみに前年の二〇〇二年度では、橋本一弘全薬工業会長の納税額が一七億五〇〇〇万円だったので、推計所得額は約五一億円である。

このことから、ほぼ一〇年を経過して、最高の高額所得者の稼得額がほぼ倍に増加していることがわかる、と結論づけられるのである。

表1-2　1億円以上の所得者(1960年度)

(単位：1000円)

1	石橋正二郎(ブリヂストン社長)	308,989
2	松下幸之助(松下電器会長)	305,489
3	住友吉左衛門(無職)	177,497
4	鈴木常司(ポーラ化粧品社長)	164,040
5	井植歳男(三洋電機社長)	143,654
6	山岡康人(ヤンマーディーゼル副社長)	143,621
7	般若松平(般若施盤社長)	128,150
8	竹中錬一(竹中工務店社長)	127,015
9	吉田忠雄(吉田工業社長)	125,588
10	出光佐三(出光興産社長)	122,698
11	石橋幹一郎(ブリヂストン副社長)	122,454
12	鹿島守之助(鹿島建設会長)	121,335
13	小川耕一(大都工業社長)	117,257
14	坂本栄一(坂本紡績社長)	113,222
15	菊池武美(医師)	110,148

出所：橘木俊詔・森剛志(2005).

ちなみにおよそ五〇年前の一九六〇年代の最高所得トップ一五名の氏名と所得額を表1-2で示してある。ここでも創業経営者が圧倒的に多かったことを強調しておこう。高度成長期が始まったころの高額所得者の所得額は、一億円から三億円だったのである。当時としては大変に高い所得であったことは間違いないが、現在の最高所得額は一〇〇億円弱に達している。

日本国民の五〇年間にわたる平均所得の伸び率よりも、経営者の所得の伸び率の高いことに注目しておこう。一九六〇年代の平均家計所得が年額およそ五〇万円、二〇一四年がおよそ年額四一五万円とすれば、約八倍の伸びであり、ここからも高額所得者の所得の伸びははるかに高いことがわかる。

お金持ちの富裕度の高くなったことを示す指標としては、所得額よりも資産額のほうが明確である。資産額とは現在保有する土地、住宅、株式、債券、家具、装飾品、自動車などの資産を現在価格で評価したものである。ただし、時価の推計に不確実性が高いので、資産額の推計には困難があるし、高額資産保有者自身でさえ自分が資産をどれだけ保有しているのか正確に把握していないので、資産額には誤差が大きい。

『フォーブス』の「世界長者番付」の二〇一六年版をみると、柳井会長が資産額一四六億ドル（約一兆六七〇〇億円）で五七位、孫社長が一一七億ドル（約一兆三三〇〇億円）で八二位となっている。なお、一位はマイクロソフトの創業者であるビル・ゲイツで七五〇億ドル（約八兆五七〇〇億円）、五位がアマゾンのジェフ・ベゾスで四五二億ドル（約五兆一七〇〇億円）、というように、とてつもなく高い額である。

このことに対する経済学者による評価には、次の二つの側面がある。

第一に、日本の高額資産保有者の額を世界のなかで評価するとまだ低いので、経済大国と呼ぶにはまだふさわしくない。大富豪の数が少なく、その資産額が他国の高額資産保有者と比較すればまだ低いので、さほどの国ではないという評価である。

第二に、日本国内だけで評価すれば、柳井会長や孫社長の資産保有額は庶民のそれと比較するとかなり大きい額に達しているが、他の国の高額資産保有者の額より低いので、資産分配の平等という視点からすると平等性がまだ残っているという評価が可能であるというものである。しかし著者はこの評価を否定する。他の国の高額資産保有者の資産額が高すぎるのであって、そちらの事実にむしろ問題があるのではないだろうか。

プロスポーツ選手や芸能人の所得

創業経営者の所得が非常に高くなったことを述べたが、次はプロスポーツ選手や作家・芸能人といった自分の能力と努力によって稼ぐ人びとのことについてふれたい。プロスポーツのなかでもっとも人気があり、かつ選手の所得が高い野球を、まず取り上げる。プロ野球選手は球団との毎年の契約によって(最近、スター選手には複数年契約もある)、年俸を決める制度をとっている。その前年度における個人の成績(投手であれば勝敗数や防御率、野手であれば打率、ホームラン数や守備力)を評価基準として年俸が決められるので、能力・実績主義の世界である。

ごく最近のプロ野球選手の年俸のうち、高額な人を表1-3の上段で示している。二〇一三年の最高額は巨人、阿部慎之助選手の五億七〇〇〇万円であり、以下五億円、四億円と続く。ちなみに阿部選手は最近になってやや成績を落としたので、年俸はかなり下がっている。

第一〇位(第九位と同位)の選手は二億九〇〇〇万円なので、トップと比べるとほぼ二分の一である。トップクラスの選手の間でも、かなりの差があることがわかる。経営者のトップクラスの人の年収と比較すればプロ野球選手のトップクラスであってもまだ低いと言えるが、国民

表 1-3　プロ野球選手の年俸

2013 年

	選手名	チーム	年俸(推定)
1	阿部　慎之助	巨人	5 億 7000 万円
2	杉内　俊哉	巨人	5 億
3	内海　哲也	巨人	4 億
4	田中　将大	楽天	4 億
5	岩瀬　仁紀	中日	3 億 7000
6	ラミレス	DeNA	3 億 5000
7	和田　一浩	中日	3 億 3000
8	中村　剛也	西武	3 億
9	攝津　正	ソフトバンク	2 億 9000
9	吉見　一起	中日	2 億 9000
11	鳥谷　敬	阪神	2 億 8000
12	パディーヤ	ソフトバンク	2 億 6400

1980 年

1	王　貞治	巨人	8170 万円
2	山本　浩二	広島	4000
3	張本　勲	ロッテ	3960
4	山田　久志	阪急	3900
5	マニエル	近鉄	3800
6	掛布　雅之	阪神	3250
7	若松　勉	ヤクルト	3000
8	田淵　幸一	西武	2800
9	松原　誠	大洋	2700
10	高木　守道	中日	2640
11	ソレイタ	日本ハム	2500
12	メイ	南海	2020

1990 年

1	クロマティ	巨人	2 億 9000 万円
2	ブーマー	オリックス	1 億 9600
3	落合　博満	中日	1 億 6500
4	バニスター	ヤクルト	1 億 4500
5	キーオ	阪神	1 億 4000
6	アップショー	ダイエー	1 億 2000
7	ブライアント	近鉄	1 億 1170
8	石毛　宏典	西武	9000
9	ディアズ	ロッテ	7500
10	ブリューワ	日本ハム	7150
11	北別府　学	広島	6600
12	齋藤　明夫	大洋	6400

出所：各球団発表をもとに著者作成.

の平均年収である約四一五万円と比較すれば、およそ一〇〇倍以上なのである。運動能力の高い少年がプロスポーツ選手をめざすことは頷ける。ついでながら、元楽天の田中将大選手はニューヨーク・ヤンキースと七年間一七一億円の契約をした。日本人に限定すれば、彼が最高所得の選手である。

これに関して、二〇一五年にアメリカから広島カープに戻ってきた黒田博樹投手のことを書いておこう。二〇億円前後の年俸を蹴って四億円の年俸の広島に戻った黒田には称賛の声が上がった。かつて、涙の会見で広島を去って、アメリカの大リーグにいったのだが、そのときも「広島愛」を人びとは感じたし、戻ってきたときには人生は「お金ではない」という彼の精神に共鳴したのであろう。少しでも高い年俸を求めてチームを頻繁に移るアメリカ大リーグの選手からは、黒田のこの行動は理解されないかもしれない。

ただし、彼の広島での年俸四億円は、広島の選手のなかでは格別に高い額であることを記しておこう。ちなみにこの表には出ていないが、二〇一三年で年俸が一億円を超えている選手は八〇人ほどいる。プロ野球選手の総数が八〇〇人前後なので、ほぼ一割の選手が一億円以上の高給ということになる。どの企業においても、かなりの高い額の年収の社員の数が全社員のなかで一割を超えているということはないので、プロ野球とは高給の人が多い世界なのである。

しかし、毎年プロ野球の選手になる人の数は七〇〜八〇人いるが、そのうちレギュラーポジションを得る人は少数であるし、年俸が一億円以上に達する人はもっと少数である。むしろ二軍暮らしがほとんどで、一軍としての選手生活を送らずにプロ野球の世界を離れざるをえない人がかなりの数に達しており、そういう人のセカンド・キャリア問題が深刻である。ちなみに正式の選手ではなく、将来そうなるかもしれない育成契約選手の年収は二四〇万円なので、トップ選手と育成契約選手との年収格差は想像を絶するほど大きい。人気稼業と能力・実績主義の世界なので仕方がない側面はあるが、年収二四〇万円とは、貧困のなかの暮らしにいるとも言える。とはいえここは高給取りの選手について述べているので、これ以上言及しない。

ここではプロ野球選手の高額年俸者の年俸が、他の世界の人よりもはるかに高い伸び率で増加したことに注目したい。表1-3の中段はおよそ三五年前の一九八〇年におけるトップ一二選手の氏名と額を示している。年俸のトップは巨人、王貞治選手の八一七〇万円である。現代のトップ額はおよそ六億円弱なので、一九八〇年の八倍弱である。この数字が大きいのか、それとも小さいのかの判断はそう簡単にはできないが、国民の平均年収の伸び率が、一九八〇年から二〇一〇年で年率二〜三%であることから、一般よりもかなり高いことは事実である。

いまと一九八〇年の間にある一九九〇年のトップ一二の選手名と年俸額を示したのが同じ表

の下段である。

この表を出した目的は二つある。

第一に、トップ一二の選手のうち、日本人はわずか四名にすぎず、なんと八名が外国人選手である。その一〇年前の一九八〇年では外国人は三名しかいなかったことからすると、日本のプロ野球界が外国人選手に依存する姿がますます明確になったころである。しかも日本に来てもらうには、高い年俸を払わざるをえなかった。第二に、日本人選手のなかでも一億円を稼ぐ人が出現し、具体的には一九八七年の中日、落合博満選手が最初であった。「年収一億円選手がいよいよ登場」と、その賛否を巡ってマスコミで大きく取り上げられた時代である。すでにいまでは年俸一億円以上の選手が八〇名ほどもいることを述べたが、プロ野球選手のなかで高額年俸の人が非常に増えたことが、ここでも明確にわかるのである。換言すれば、プロ野球の世界はますます高額年俸の世界になったのである。

プロスポーツ選手と同じく、自営業として働いているのが芸能人や作家である。芸能人の場合にはどこかのプロダクションに属していることが多いので雇用者の顔をも持っているが、基本は個人として収入を得ていると理解できる。したがって自営業者とみなしてよいのである。なお正確に言えば、芸能人の場合にはプロダクションから給与制で報酬を得ている人と、歩合制で得ている人の二種類がいるが、ここではその区別に深入りしない。作家はそれこそ自分の書いた小説やコミックを出版して、印税として個人が受領するので完璧な自営業者とみなしてよい。自己の能力と実力でもって稼ぐ職業の典型である。

芸能人の所得は国税庁の『全国高額納税者名簿』が公表されていたころは、納税額から所得額が推計できたので、かなりの正確度でもって所得額が把握できたが、二〇〇五年度分からそれが公表されなくなったので、芸能人の所得はよくわからない。最近では一部の雑誌や週刊誌が推計所得額を出しているが、不正確さが残る。ここでは、かなり正確性の高い『全国高額納税者名簿』による数値を用いることにする。ただし、少し古いデータであることは避けられない。

二〇〇三年の歌手部門における高額所得者の推計所得額をみていきたい。自営業者としては、映画俳優、タレント、歌手、作家、漫画家などさまざまな職業があるが、ここでは歌手で代表させている。トップは推計所得額が八億四二五六万円(納税額三億九二六万円)、第二位は七億六九八九万円(同二億八二三七万円)なので、プロ野球選手のトップクラスよりも所得が高い。しかし歌手をはじめ芸能人は人気商売なのでその年に大ヒットを出せば非常に高い所得を稼げるが、人気がなくなってくると低い所得となるリスクがある。作家も同様で、ベストセラー作品のある年は高額の所得を稼げるが、売れない作品の年は少ない所得となる。

なぜこれほどまでに高額所得者の所得が上昇したのか

高額所得者の稼得所得額が非常に高くなったことがわかったが、その理由をここで考えてみよう。代表的な職種として、経営者とプロ野球選手を用いて議論していきたい。

まずは経営者である。経営者には大別して二つある。一つは自分で創業してから企業が成長してその後も経営者として経営にあたる人で、オーナー経営者とも呼ばれる。もう一つはオーナーではなく、社員として入社してから社内で昇進したか、外から経営者として迎えられた人で、サラリーマン経営者と称してよい。

前者が高所得になるのは、先に述べたように自社株の株価が高くなったことによる配当収入なりキャピタルゲインの収入が大きく寄与している。資本主義社会における株式会社制度を前提にする限り、大量に株を保有する人が株価の上昇によって高額の配当収入やキャピタルゲインを得ることは経済法則に合致している。

なお、これら経営者の所得は高すぎるので高い所得税を徴収してよい、との政策もありうるが、この再分配政策については後に議論する。

もう一つ、資本主義あるいは市場主義ではこのように資本家が一方的に得をする効果があるので、企業を国営化したり、いっそのこと資本主義をやめて社会主義にすればよい、との声が過去にはあり、それを成し遂げた国がいくつかあったことは歴史の教える通りである。しかし今日においては国営企業には問題があることがわかり、かつ社会主義国がむしろ逆に市場主義国に移行する場合が多く、これらの案は現実性に乏しい。

ここで強調したい点は、前に述べたようにサラリーマン経営者の報酬が高騰していることにある。表1-1で見たように、経営者としての職務への報酬として五～一〇億円を受領している人が目立っているのである。経営者の報酬はこれまではせいぜい五〇〇〇万円～一億円前後であったが、ここ数年で急騰の勢いがある。なぜだろうか。

いくつかの理由を指摘できる。第一に、アメリカの経営者の報酬の高いことが知られるようになり、日本では経営者の報酬が低すぎるのではないか、と一部で思われるようになった。アメリカでは経営者がこれほど報酬を得ているのなら、日本でも、複数の困難な業務をしており、かつ高い責任を負いながら、苦しくかつリスクの高い経営の仕事への報酬はもっと高くてよい、との認識である。グローバル化すなわちアメリカ化であると解してよいが、その波が日本にも浸透したのである。

第二に、アメリカ化とは別に、日本の企業においても経営トップの指導力ないし経営方針がその企業の経営業績の向上に重要である、との認識が高まってきたことがある。これまでの日本企業であれば役員会での集団決定、あるいは幹部と社員の合議制で経営方針の決定や日々のビジネスをおこなってきたが、経営トップの基本方針や決定が経営を左右する時代となった、との認識である。そこではトップがリスクを背負うことも意味するし、成功すればその企業は多大の利益を上げたり、成長することになるので、それへの見返りとして経営者への報酬を高くすることは理にかなっている、と日本企業も判断し始めたのである。

次はプロ野球選手である。なお橘木(二〇一六c)でプロ野球のことを包括的に分析したので、関心のある方は参照されたい。

プロの世界は観衆をどれだけ集められるか、テレビ放映権料やグッズの売り上げがどれほどであるか、といった人気に左右されている。打者であればホームラン、打率で人気を得るし、投手であればどれだけ打者を抑えるか、などで評価される。勝利に貢献する選手の人気は高いし、それらの人が球団の収入に貢献する程度が高いので、スター選手の年俸が高くなることは自然なことである。常勝球団、人気球団の巨人の選手の年俸が高いことは、これで説明できる。弱小球団であっても赤字を覚悟でスター選手を獲得して人気を博そうとするので、それらの選手の年俸も高くなる。

ここでもアメリカの影響を指摘できる。アメリカ大リーグの選手、とくにスター選手の年俸は非常に高く、年に二〇億円以上の所得になる人の数がかなりいるほどである。経営者と同じように、大リーグの選手の年俸がこれだけ高いのなら日本もそうでなければならないと、という追い風がある。さらにアメリカ人を含めた外国の選手を日本のチームに呼ぶときはなるべく高い年俸でないと来てくれないし、逆に日本の一流選手がアメリカに流出することを阻止するために年俸を上げねばならない、という事情もある。

プロ野球選手の年俸の高い理由として、もうひとつ忘れてならないことがある。選手の実働できる年齢はせいぜい三五～四〇歳までであり、その後は球団職員、コーチ、監督や解説者になるごく一部の人を除いては野球界を去って、他の仕事をしなければならない。

引退後、より高い報酬の仕事に就くことは稀なので、若い時代に稼げるだけ稼いでおいたほうがよい、という認識が選手側にあることと、球団側もそれを認めているので、一般の人よりも高い報酬を選手に支払ってよい、との合意がある。そうでないとプロ野球の世界に入ろうとする人の数が少なくなる可能性があるからである。とはいえ、一時期でも高い報酬を得ることができるのは一部の選手だけであって、多くの下積みの長い人は野球選手をやめたのち、苦労しているそうだ。

なおこのことはもう一つのプロの世界であるサッカーにおいて、もっと深刻である。選手として活躍できる期間が野球より短いし、スター選手の年俸も野球選手ほど高くないからである。

2　日本の過去、そして外国との比較

過去の日本のお金持ち

お金持ちの現状はわかったが、実をいうと戦前の日本では高額所得者、高資産保有者の所得・資産額は並外れて高かったのである。そのことは他国との比較によって鮮明となるので、ピケティの書物から引用して、アメリカやヨーロッパの高額所得者よりも日本の高額所得者は相対的により高い所得を稼得していたことを示しておこう。フランス人の経済学者であるトマ・ピケティは資本主義国には内在的メカニズムとして富裕層がますます富を蓄積する性質があることを、約二〇カ国の長期データを吟味して、理論と実証で成功している。

図1-1は一九〇〇年から二〇一〇年という長期にわたって、所得分布上でトップ一〇%の位置にいる高額所得者が、総所得額のうち何%を占めていたかを、日本、アメリカ、ヨーロッ

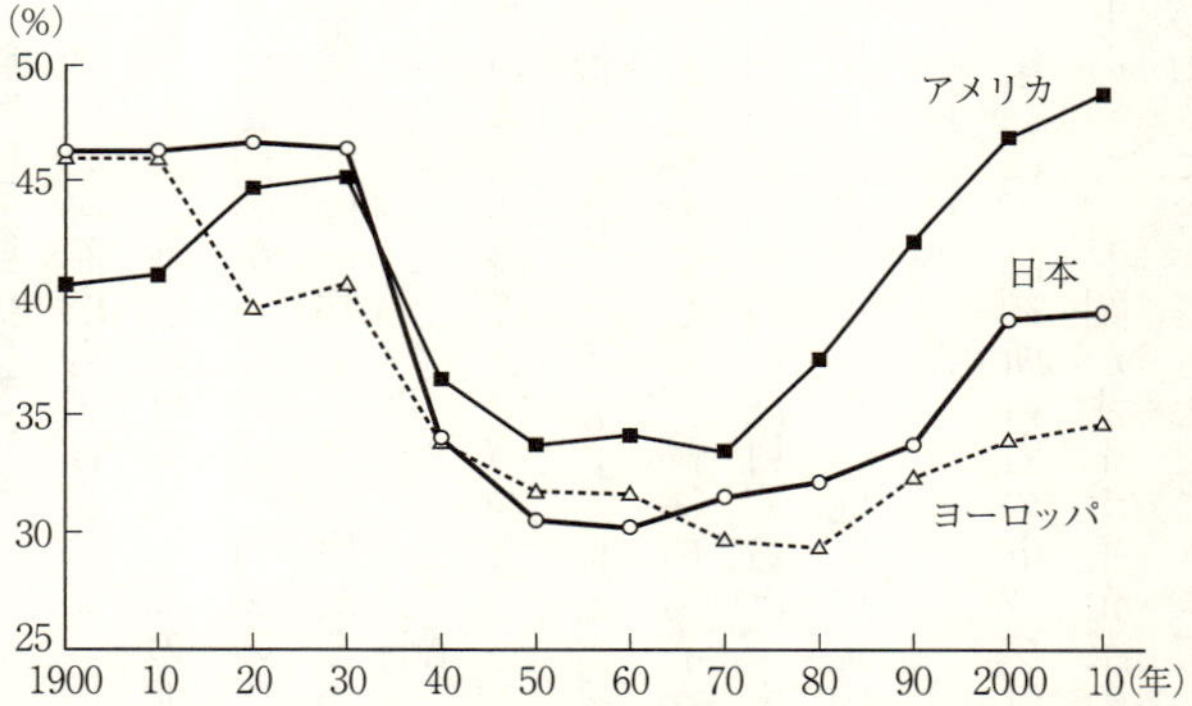

図 1-1　上位 10% の高額所得者の所得が総所得に占める比率，ヨーロッパ，アメリカ，日本(1900-2010 年)
出所：ピケティの東京での報告より．原著はピケティ(2014)より．

パの三地域で比較したものである。これによると、一九〇〇(明治四三)年から一九三〇(昭和五)年までのおよそ三〇年間、日本では、アメリカやヨーロッパよりも高額所得者の集中度が高かったのである。

それよりもっと顕著な証拠は、ピケティの報告(二〇一五年一月三〇日)で明らかになっている。上位〇・一%という非常に少数の高額所得者の所得が総所得のうち何%を占めていたかを見ると、一九三一(昭和六)年あたりから四一年の戦争直前には八%から九%強の高さであり、当時のアメリカやフランスよりもはるかに高い。そのころの日本の高額所得者は、それこそケタ違いの高い所得だったのである。戦前の日本は超格差社会、あるいは超不平等社会だったのである。

戦前の高額所得者の姿

戦前の高額所得者は次の二つに代表される。すなわち、大土地保有者と財閥のような大資本家である。戦前の日本は一部の地主が広い面積の土地を保有して、小作人が地主から土地を借りて農作業をしていた。当然のことながら、小作料と農産物の一定割合を地主に納めていた。産業界では三井・三菱・住友といった一部の大資本家が、財閥という企業グループの株を大量に保有することで、産業を支配していた。これらの人たちの所得額や資産保有額が巨額になったのは当然のことであった。

谷沢弘毅(二〇〇五)が戦前の日本の高額所得者について貴重な研究をおこなっているので、それを参考にして、高額所得者がどのような人たちであったかを確認しておこう。

第一に、地域に注目すると、大資本家階級は東京、大阪といった大都市に住んでいたので、高額所得者はそれらの地域に集中していた。そして地方に大地主が住んでいたので、高額所得者は地方にもいた。すなわち、大資本家は大都市、大地主は地方に分散していた。

第二に、高額所得者のトップは三井家、岩崎家(三菱)、服部家(時計店)、古河家(古河工業)といった、財閥かオーナー企業のような大資本家に占められていた。この人たちは全国レベルの順位においても上位に入っていた。

所得額がどれだけかといえば、たとえば一九三六年における最高位の所得者である三井高松は、実に二五四万円であった。ホワイトカラーの一般社員の年収が二〇〇〇円、工員の年収が六三〇円前後であったことを考慮すれば、それらの人の一三〇〇倍、あるいは四〇三〇倍の高さである。高額所得者は、ものすごく高い所得を稼いでいたのである。なお、いまのアメリカのトップ経営者の所得は一般社員の四〇〇〜六〇〇倍である。

戦後の改革

敗戦は日本人に多大な苦痛を与えたが、日本社会にとって好ましいことも起こった。それは軍国主義・ファシズムの国から自由主義、民主主義の社会に日本が変化したことと、格差社会から平等社会に移行したことである。これらの変化は「GHQ（連合国軍最高司令官総司令部）」というアメリカ占領軍が中心になって日本に勧めた改革に大きく依存しており、いわば外部からの変革要求に応じたものであった。なお、一部には日本国憲法はGHQの押し付けでできたので自主憲法を制定せよ、との声もあるが、その変革が日本人のためになったのであれば、たとえ外部からの介入によるものであっても、よい改革だったと評価してよい。やや余談を加えれば、アメリカも戦後の日本改革はうまく進んだと自負の念を持っている。二一世紀に入ってすぐ、アメリカはイラクに進攻してから、その戦後処理において日本でのよき経験を再び、と目論んだようだが、日本のようには成功しなかった。

よく知られているようにGHQの改革には、①農地解放、②財閥解体（資本集中の排除）、③自由・民主主義の導入、④労働者の権利保障、⑤男女平等、⑥教育改革、などがある。とくに①と②は、極端な格差社会を排するのに有効であった。すなわち、大土地保有を排して、それらの人の地代・小作収入を大幅に低下させ、小作人を自営農民にしたことと、集中しすぎた財閥資本を解体して極端な富裕者をなくしたことである。すでに引用したデータによって、戦後に高額所得者の数が減少したのは明白に示されている。

なお欧米においては、ピケティによると、戦争による経済破壊、戦中・戦後の高インフレーション、国民の間の平等意識の高まりなどが戦後の変革として、格差是正に貢献したとされている。日本もこれらの効果は確実にあったが、GHQの改革による効果が一番大きかった。なぜなら日本の社会・経済制度を、まったく新しいものに変えたからである。

さて、一九七〇、八〇年代あたりから、日本、アメリカ、ヨーロッパという三地域のすべてで高額所得者の所得が上昇したことが、先のピケティの報告からわかる。これに関して二つの点を指摘しておこう。

第一は、トップ一〇%の高額所得者に注目すると、三地域ともに高額所得者の所得が国民全員の所得総額に占める比率が上昇して、高額所得者の所得額をますます増加して格差は拡大している。ところがその格差拡大の様相はアメリカが一番激しく、日本は二番目であり、ヨーロッパよりもその程度は強い。つまり日本はアメリカほどではないが、ヨーロッパよりは大きい格差の拡大を、一九七〇、八〇年代以降に経験したのである。

第二に、トップ〇・一%という極端に高い所得を得た人に注目すると、日本とヨーロッパではほとんど平行線で推移していて変化はなかったが、アメリカでは一九八〇年代の後半から一九九〇年代以降に急激な上昇を示している。これはアメリカのトップ経営者がこのころから非常に高い所得を稼ぎ始めたことによる。とくにアメリカでは役員としての高額な報酬のみならず、オプションシステムによる自社株保有によって、配当収入やキャピタルゲインが高額になったことの効果もある。

なぜ一部のトップ経営者やスポーツや芸術のトップスターの所得が高くなったのかについてはすでに述べた。ここで記憶しておきたいことは、その高額所得の程度に関しては、日本はアメリカとヨーロッパの中間に位置する、ということである。

3　日本の貧困層

貧困者の増加

図1-2が示すように、日本の貧困者の数は増加している。ここ三〇年弱の間に貧困率（国民の間で何％の人が貧困であるかを示す比率）が一二・〇％から一六・一％に増加している。そもそも貧困者はゼロであるべきところに、四ポイントの増加は深刻である。

ここでの貧困者の定義は「相対的貧困者」と呼ばれるもので、国民の所得分配上で中位にいる人（すなわち所得の低い人から高い人まで順に並べて真ん中の順位にいる人）の所得額の五〇％に満たない所得しかない人のことである。ここでの「相対的貧困」は国際機関において標準となった定義である。

なお、「相対的貧困」との比較として、「絶対的貧困」とは何であるかを述べる必要がある。これは人が生きていくうえで、食費、衣料費、住居費、光熱費などのように最低の生活ができるのに必要な金額を設定して、それ以下の所得しかない人を貧困とするものである。国によってはこれを正確に定めて、「貧困線」と定義して利用している場合もあるが、日本ではまだ学

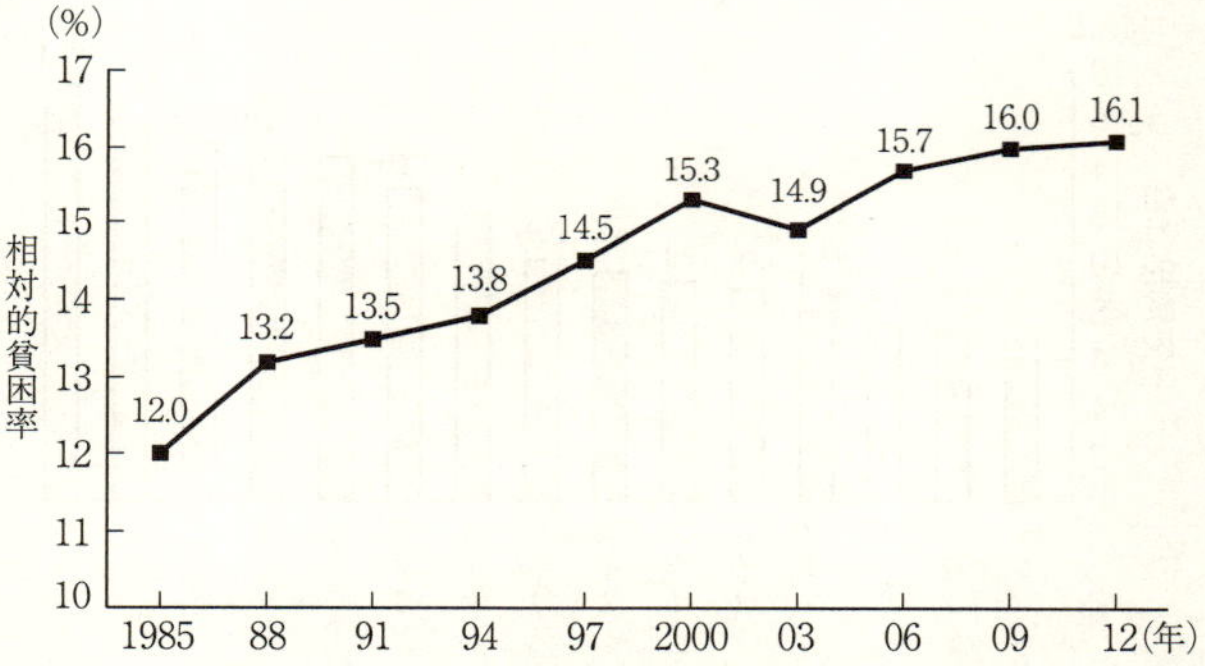

図 1-2　日本における相対的貧困率の年次推移
出所：厚生労働省「平成 25 年国民生活基礎調査」2013 年.

問上で計測された統計的な公式の「貧困線」は政府より提出されていない。参考のために述べておくと、戦後の一時期、日本でも「貧困線」の計測が実施されたこともあったが、問題の多いことがわかって計測は停止されたのである。

しかし生活保護制度では、地域別と家族人数別に定められた生活保護基準額というのが定められており、その基準額以下の所得しかない人には現金が支給されているので、それらの人を便宜的にせよ絶対的な貧困者とみなしてよいと考えている。

生活保護基準額以下の所得しかない人の数は二〇〇〇年前後でおよそ一四%と推計されているので(橘木・浦川二〇〇六)、日本での絶対的貧困率と相対的貧困率はほぼ同じ水準にあるとみなしてよい。このことからも、日本国民のほぼ一六%が貧困に苦しんでいるという深刻な

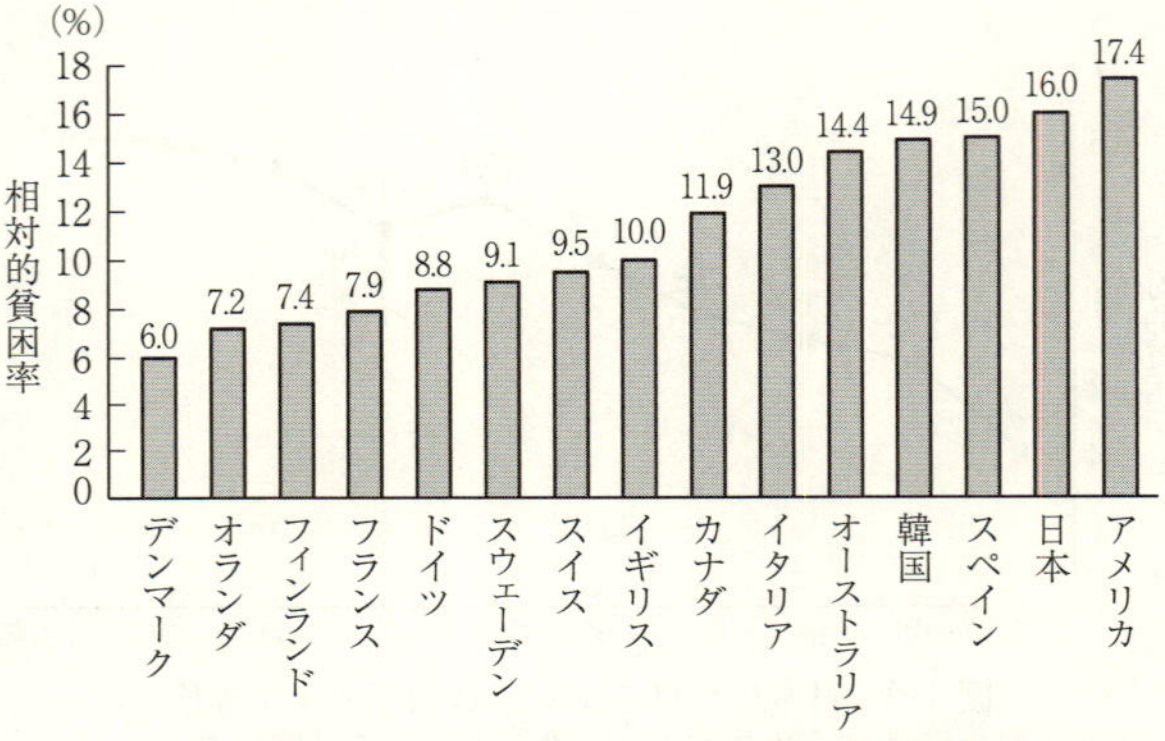

図1-3　主要先進国の相対的貧困率(2010年度)

出所：OECD, "Rising Inequality: Youth and Poor Fall Further Behind", 2014.

状況にいることがわかる。

一六%がどれだけ深刻であるかを確認するために、他の先進国との比較をしておこう。

図1-3は、他の主要先進国の貧困率(ここでは相対的貧困率)を示したものである。なお国際比較に際しては、定義が各国で共通である相対的貧困率のほうが、各国バラバラで定義・推計されている絶対的貧困率よりもはるかに信頼性の高いことを強調しておきたい。

日本の貧困率はアメリカに次いで高いことと、ヨーロッパ諸国やオーストラリアよりもかなり高くなっていることがわかる。換言すれば、「貧困大国」日本なのである。

高齢者と単身者、そして女性

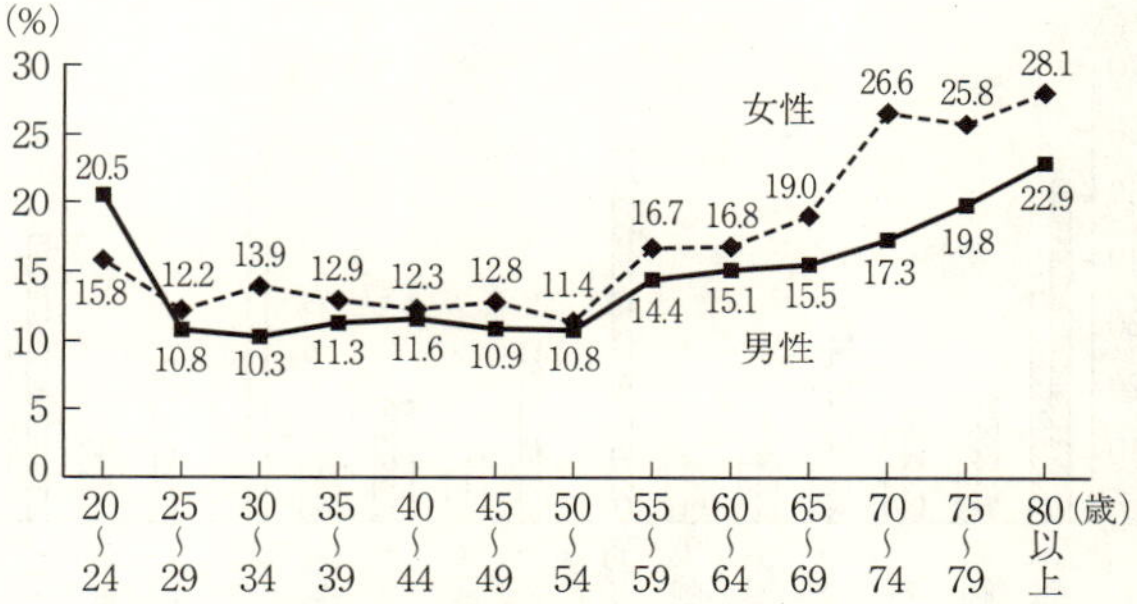

図1-4　男女別・年齢階級別相対的貧困率(2007年)
出所：内閣府男女共同参画会議基本問題・影響調査専門調査会「女性と経済ワーキンググループ」資料,「生活困難を抱える男女に関する検討会」の阿部彩委員の特別集計より作成. 原典は厚生労働省「平成19年国民生活基礎調査」2007年.

お金持ちの一方の極は貧困者である。ここでは増えつつある日本の貧困層に注目しよう。

性別、年齢別、世帯類型別に見たときに、日本の貧困の特色が鮮明となる。図1-4と図1-5は、それを示したものである。

まず男性と女性のうち、どちらに貧困者の数が多いのかに注目すると、二五歳から六〇歳あたりの勤労世代はそうでもないが、二〇代前半の若者では男性の貧困率のほうが四ポイント強、六五歳を過ぎた高齢者においては、女性の貧困率のほうが五から一〇ポイントも高いのである。

ここで貧困率とは、貧困者数を分子に、それと同じ境遇(性や年齢)にいる人の数を分母にして、比率を計算したものである。男女別にこだわらず、年齢別に注目すると高齢者の貧困率が二〇%から

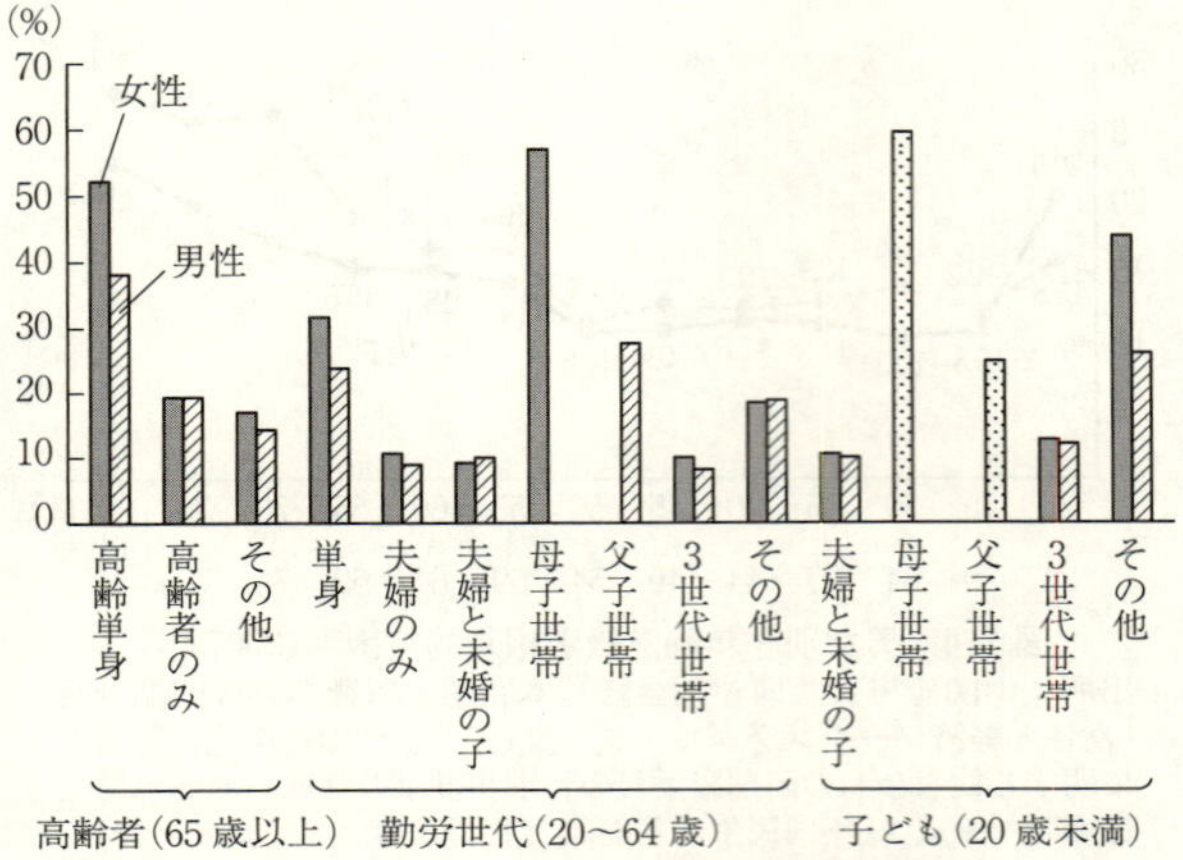

図1-5　年代別・世帯別相対的貧困率(2007年)

注：母子世帯，父子世帯の子ども(20歳未満)は男女別でなく，男女合計値.

出所：図1-4と同じ.

三〇％弱に達しており、高齢者五人に一人が貧困者という高さが日本の特徴となっている。

図1-5は、日本の貧困の現状をより深刻な姿として浮き彫りにしている。世帯類型別に見た図であるが、どの世代においても夫婦世帯よりも単身世帯のほうが、貧困率がはるかに高い。

まず高齢者に注目すると、高齢夫婦がほぼ二〇％の貧困率なのに対して、高齢単身男性が四〇％前後、高齢単身女性が五〇％強の貧困率なので、単身高齢者の半数ほどが貧困の状態にいるのがわかる。これは深刻な状況と言わざるをえない。後に詳述することであるが、一昔前なら三世代住居で同居していたり、あるいは成人した子どもが送金によって老親を経済的に支援していたが、そのような仕組みが急速に消滅しつつあることと、生活を支えるのに十分な老齢年金を受けることができない高齢者がかなりいることによる。

勤労世代に注目すると、これまた単身者の貧困率の高いことが目につく。とくに深刻なのは母子世帯で、六〇％に近い、非常に高い貧困率であり、子どもを抱えて働く母親の生活は苦しいのである。母子家庭のうち、実家の親からの経済支援、離婚した前夫からの慰謝料や子どもへの養育費などがある女性もいるだろうが、大半は低い所得しか得られていないのである。女性には非正規の仕事が多い、男性と比較して女性の賃金が低い、子育てがあるので長い時間働けない、といった事情が重なって低い所得にならざるをえず、深刻な貧困の原因となっている。

勤労世帯・子ども世帯ともに母子家庭の貧困率が父子家庭の貧困率の二倍前後の高さになっているので、いかに女性が男性よりも低い所得で苦しんでいるかが明らかである。男性の場合は、死別したり離婚したりしても、女性の賃金よりも男性の賃金が高いという現状によって、貧しくなるという可能性は女性よりは低いのである。

貧困者の多い理由

日本で貧困者の多い理由は、いろいろなところで論じられてきたので、ここではそれを箇条書きにするだけにとどめておく。

(一)「失われた二〇年」と言われるように日本経済が不振であった。これは失業率を高めたし、平均賃金を下げることにつながった。

(二)日本の貧困者は高齢者(とくに単身高齢者)に多いが、全般に年金、医療、介護といった社会保障制度の不十分さがある。

(三)働く世代に関しては、パート、派遣、期限付き雇用などの非正規労働者の数が増加し、正規労働者と非正規労働者との間の賃金格差が拡大した。二〇一五年では全労働者のうち、約四〇%が非正規労働者の時代になっている。

(四)日本の生活保護制度では、それを必要とする人にうまく支給されない面があった。さらにかなりの数の非正規労働者が雇用保険制度に加入できず、失業したときの所得保障が不十分である。

(五)日本の最低賃金額は、低く抑制されていた。生活保護支給額より最低賃金額が低いという都道府県が二〇一四年度の最低賃金法の改定によってようやく解消された。しかし働いても低い賃金しか得られないことに変わりはなく、生活できない事実はまだ残っているのである。

貧困を生む社会的背景

これまでは経済的な理由、もしくは社会保障や最低賃金などの諸制度の側面から貧困率が増加した理由を説明したが、ここからは社会全般で発生していること、あるいは日本人の心や精神構造に変化のあったことが、貧困の増加を背後からうながしているかもしれない、ということを議論する。これは高度成長期を筆頭にしてその前後の三〇年間ほどの、日本の失業率が低く、かつ貧困者の数が少なかったころと比較して、なぜいまのようになってしまったかを日本人の生活の仕方、あるいは社会的な背景から考えるということ、と理解していただいてよい。

戦後の三〇年間ほどを一言で要約すれば、日本は経済の復興と成長という大きな目標を掲げて、国民一体となって必死に学び、そして働き、さらにそこに入れない人をできるだけ出さないという信念と社会的な合意で行動していた。それは中央と地方の政府、企業、学校、家族、個人というコミュニティ全体を構成するすべてを通じて、強固な精神で結ばれていたからによる。菊地文彦(二〇一三)の言葉を借りれば、敗戦から「ふり向けばいつも上を向いて歩いてきた」のである。

いくつかの例を示そう。戦争によって破壊された日本は国民全員が貧しかったので、生活水準を上げようとして、全員が必死に頑張って働いたのである。企業もこれに応えるべく、従業員をできるだけ解雇せずに多くの人を抱え込む行動を取った。年功序列制によって賃金分配にも格差をつけなかった。いわゆる長期雇用・平等処遇が労働者全員の勤労意欲を大切にしようとしたので、労働生産性は高く、それが高度経済成長期に向かう一つの起点となった。

学校においては、教師・生徒ともに勉強を教えることと学ぶことに熱心であった。受験戦争という好ましくない要因も作用して学ぶことが盛んであったが、勤勉によって生徒は高い学力を持つことができたのである。ただし大学生(とくに文系の学生)はあまり勉強しなかったが、企業に入社すると猛烈社員として働き始めて、高度経済成長に貢献するのである。

個人においてもほとんどの人が結婚し、そして子どもとともに家族を形成した。家族間の絆は強く、お互いに助け合ってできるだけ豊かで楽しい生活を送ることができるように頑張ったのであった。

最後に政府に関して一言述べておけば、企業、学校という組織が一つの目標(すなわち、上を向いて歩く)を求めてしっかり機能していたので、政府はただただ日本経済が成長する姿を背後から支援するだけで十分であった。家族はお互いに看護、介護、そして老いた親の経済支援をおこない、企業は企業福祉の提供や雇用を保持するという日本的福祉の担当者としてうまく機能していたので、政府は国民への福祉のことで悩むよりも経済発展をどうするか、ということだけに専念していればよかったのである。

ここまで述べてきたような特徴が日本社会にあれば、貧困者の生まれにくい社会であったことは容易に理解できる。失業者は少ないし、格差は小さかったので低所得で苦しむ人も少なかったし、たとえそういう人が出たとしても家族で支え合って生活に困ることはなかったのである。

ところが、である。一九八〇年代後半のバブル期を経て、日本社会は一変した。経済的な理由で貧困者の増加した理由はすでに箇条書きにしたのでここではくり返さず、日本人の心理構造をも含めて社会の変化が作用したことを述べておこう。

第一に、皆が「上を向いて歩こう」という雰囲気は希薄となった。そこそこ経済が豊かになったので、すべての人が一つの目標に向かってまっしぐらという風潮は弱くなった。しかもそれにつれて企業の体力がバブル崩壊後の低成長期に入ってから弱くなると、経費節約の目的でこれまでの経営方式と異なる政策を企業が取り始めたのである。たとえば賃金の抑制とか、非正規労働者の数を増やす、といった策である。それが後に議論する格差社会の道へとつながる原因の一つとなる。

ここでは人びとの心の動向に焦点を当てて、すべての人が一つの目標にいた時代から、そうでない時代に入ったことの意味を考えてみよう。国民国家の意識が強く、かつ資本主義のなかにいて一生懸命働くことに価値を感じていたが、そのことに「疲れ」を感じる人が出現したのである(橘木二〇〇九)。働くことによって生活は豊かになったが、それがなんとなく拝金主義につながっているのではないかと考える人が出てきた。お金ばかり稼いでどのような徳があるのかと思う人が登場する一方で、多くの場合は単純なルーティン労働に代表されるように、ただただ人の命令で働かされているだけにすぎないことの「むなしさ」を感じる人も登場したのである。

前者の拝金主義についても、なかには自分は企業を経営して多くの人を雇用しているとか、部下が効率的に働くことができるようにしむけているとかで、社会で役立つ仕事をしていると認識しながら、資本主義の真ん中で働いていることに矛盾を感じない人も多くいるであろう。しかし、たとえここで述べたような仕事をしていても、なかには自分が多く稼ぐことの意味を見出せないでいる人もいるのである。

後者の単純な仕事の連続で、しかも重労働で身体的な疲労度が高いと感じる人は働くことに意義を感じないかもしれない。自己の職業を「天職」と判断できないかもしれない。

なお、ここで述べた人のなかの一部は貧困者になる可能性のあることを強調しておきたい。なぜならば、いま、時には収入の低い仕事に就かざるをえないことがあるかもしれないし、経済が不況期に入ったときにはのぞまない仕事に就かされる可能性すらあるからによる。どうしても仕事をしていたいという執念に欠ける人が多い時代になっていることから、気に入らない仕事とか、過酷な作業に従事している人々のなかには、簡単にその仕事をやめてしまうこともある。これらが貧困者を生む一つの要因になっているかもしれないというのがここでの結論である。これは正に人の心の変化によるものである。

もう一つ、貧困者を多く生むようになった社会的な要因がある。それは日本における家族の変容である。たとえば「無縁社会」と呼ばれることがあるように、家族の絆が弱まっている（橘木二〇一一）。一昔前であれば家族のメンバー間の支え合いの程度は非常に強かったが、いまではそれが薄れてきている。メンバーの一人が職を失って生活に困っているときに、経済的な支援をおこなわなくなってきているのである。夫婦間とか、未婚の子どもと親の間の関係であれば、経済的な支援をおこなわないというのはまだ稀であるが、年老いた親に対する成人した子どもの経済的な支援の程度が少なくなってきているし、成人した兄弟姉妹の間での経済支援も希薄となっている。ただしなかには、経済支援をしたいという気持ちがあっても、本人たちの所得が低いので支援ができないというケースもある。

もっとも深刻なことは、離婚率が増加して一人親だけの稼ぎで生活せねばならない、あるいは未婚率が高まって単身の稼ぎだけで生活せねばならない人の数が増加していることである。これらの人はもし失業すれば途端に所得がなくなるし、すでに見たように母子家庭の経済状況は大変厳しい。この人たちが貧困者の代表にあることはよく知られていることであり、その遠因には家族の絆の低下、あるいは家族の変容ということが影響しているのである。

家族の変容が貧困者を多く生んでいる一つの理由となっているが、もし社会保障制度が充実していれば、家族からの経済的な支援はなくとも生活が苦しくなることは避けられるかもしれない。しかし、後に見るように日本の社会保障制度はまだ不十分にしか整備されていない。とくに西ヨーロッパ諸国のそれと比較すると、未発展であることは明らかである。たとえば、失業保険制度の不十分さ、生活保護制度がうまく機能していないこと、年金、医療、介護といった社会保険制度が国民全員の保障になっていない、といったことにある。社会保障制度を充実すれば、かなりの数の貧困者を減少させることができるが、その現状については後に詳しく検討する。

最後に、もう一つ重要なことを指摘しておきたい。

貧しい人の多くは自分の苦しい生活をまわりに訴える機会が少ない。マスコミなどで発言する人たちの多くはエリート、ないしそれに近い人であり、貧困当事者が発言する機会は限られている。政府の審議会などに参加する人の多くは社会の指導者なので、当事者の意向が反映されることは少ない。

あるいは彼らはわずかながらでも所得を稼ぐべく、きつい仕事ながら黙々と働いていて、苦しさをまわりに訴える余裕も気力もない。しかも他人から支援を受けることへの後ろめたさ（むずかしい言葉を用いればスティグマ（恥辱））を感じて黙り込むことがある。こういう状況であれば、まわりが深刻な貧困の状況にある人を認識できるような制度を作り、さらに当事者に後ろめたさを感じさせないような支援策を提供する必要がある。

4　機会不平等

結果の格差と機会の格差

ここまで分析したことは、所得や資産といったように人びとが経済活動をした後に得られる成果としての格差であった。これを「結果の格差」と称していいだろう。

翻って「機会の格差」とは、人びとが所得や資産という経済成果を得る前にどういう状態にあったかに注目するものである。人は勤労によって賃金や所得を得るが、働く場所をどう見つけるか、職場での職業・地位はどうか、といったことが所得の決定に大きな影響を与える。職業や職場上の地位に就く際、すべての人にそれに就く機会が平等に与えられているか、あるいは差別はないか、ということは大切な事がらである。さらに仕事に就く前に受ける教育の効果や教育を受ける機会を考慮することも重要である。

なぜ機会の格差を考慮することが大切であるかを、ここで述べておこう。

結果の格差の大きいこと(たとえば貧富の格差の大きいこと)を問題にしない、あるいは擁護する人の多くからは、機会の格差が小さいのであれば結果の格差にはこだわらない、という声が強いからである。たとえば誰でも等しく教育を受ける機会があるとか、就きたい職業に就けるとか、働きたい企業で働けて昇進の機会が開かれているとか、各種の機会がそれを望むすべての人に平等に与えられているのなら、たとえ貧富の格差が大きくても問題にする必要がない、という主張である。

なぜそう主張するかと言えば、次の二つのことからである。

第一に、もし平等な機会が教育と就業に関してあるのなら、賃金・所得に差が生じるのはその人の能力と働きぶり(実績)、あるいは努力の差が主たる要因である。第二に、賃金・所得の差が小さいと、有能な人や頑張る人の勤労意欲が阻害されるので、経済効率上から好ましくない。

これら二つに関しては後に議論する。ここでは、機会の平等は確かに容認されるべき原則であるが、それが満たされているのなら結果の格差は経済効率を達成するためにやむを得ない、とする、「機会の格差不承認、結果の格差承認」という声の強いことを記憶しておこう。

機会の平等

ここで「機会の格差」を、さらに定義しておこう。つまり機会の平等のないときが機会の格差なので、機会の平等をやや詳しくかつ厳密に検討しておきたい。

機会の平等には、概念的に言えば次のように二つの定義、ないし条件がある。第一の定義は、人がある地位(教育、職業など)をめざす場合、あるいはそこに空席がある場合、すべての潜在的な希望者に参入の機会が与えられるべき、とするものである。その参入をめぐっての競争入札と選考の過程に際しては、すべての希望者に与えられるべきとする。これは「公正な参入機会」と言ってよい。

第二の定義は、ある地位をめざしたり、空席がある場合には、それを希望する人たちの間での選抜過程は、その地位での仕事をうまくこなす能力、そして努力する意志を持っているかどうかの基準だけで決定されるべきで、他の情報や資質(たとえば、性、年齢、人種、家庭環境、学歴、縁故など)は考慮されるべきではない、というものである。これは「被差別の原則」と言ってよい。性と人種については、逆にクオータ(割り当て)制度が設定されることもあるので、資質のなかに入らない場合もある。学歴については、もっとも論争になる変数である。メリトクラシー(実績主義)を容認する人は学歴をここに入れないが、学歴のない人からすると学歴による処遇の差は差別と考えられるかもしれないのである。

これらの定義をやや堅苦しく解説すれば、次のようになる。人がさまざまな状況の下で、社会行動ないし経済行動をするとき、自分が制御可能な状況に関しては問題にする必要はないが、自分で制御不可能な状況に関して不平等があれば、社会はそれを認めてはならない。そして必要であれば、なんらかの補償をも考慮せねばならないのである。

自分が制御可能なこととは、たとえば努力をすることによって、なんらかの不利さを除去できる可能性が開かれていることを意味する。自分で制御不可能なこととは、いかに自分が努力しても不利さを除去できない状況を指す。典型例として、性、年齢、人種、家庭環境、天性の能力（IQや身体能力）などがある。

リベラル派の哲学者であるロナルド・ドウォーキン（二〇〇二）は、制御不可能なことを「環境と才能」で理解し、制御可能なことを「人格と意思」で理解している。そして前者は生まれつきの環境や天性の能力なので、自己責任によることではないのに対して、後者は自分の意思でもって行動することを意味するので、自己責任によることとしている。

ラディカルな政治哲学者であるジョン・ローマー（一九九八）は、自己責任に帰することのできない能力差、たとえば生まれつきの知力・学力に劣る人に対しては、社会がなんらかの補償のための政策を施すべきと主張している。逆に優れた知的・身体的な能力を持った人になんらかの補償のための拠出を求めるというローマーの政策論に対しては、反対論は強いと予想される。

日本における不平等

日本ではどのような分野で機会の格差、ないし不平等が存在するのであろうか。日本のみならず人類共通の分野で、機会の格差は山ほど存在する。

たとえば人種、性、年齢、知力、体力、宗教、信条、教育、就業、昇進、結婚、国家、地域（どの地域で生まれるかとか住むか）といったことなど、人間が何かの活動をするに際して参入に障壁があったり、差別の存在が見られるなど、機会の不平等の例はいくらでも考えられる。日本で機会の不平等がどのような現状にあるかをかつて詳しく検討したので（橘木二〇一三b）、ここでは日本での代表的な機会の不平等をいくつか取り上げて、提示しておこう。

日本におけるもっとも深刻な機会の不平等は、親の経済状況に応じて、子どもが教育を受ける際に、格差が生じていることにある。わかりやすく言えば、親の所得が高ければ子どもは高い学歴を得ることができる一方で、逆に親の所得が低ければ子どもは低い学歴に甘んじねばならない。

日本における学歴の意味は、第一にどの学校段階（すなわち中卒か、高卒か、短大卒か、大卒か）まで進学するかということと、第二に学校にあっても名門校に進学するかそうでないか、という二つの視点がある（橘木二〇一三c）。実は名門校・有名校に進学するかどうかも親の経済水準がかなり重要であるが（橘木二〇一四a）、ここではもっとも深刻な第一の視点に注目したい。

図1-6は親の年収別に、子どもが高校卒業後にどういう進路を取るかを示したものである。

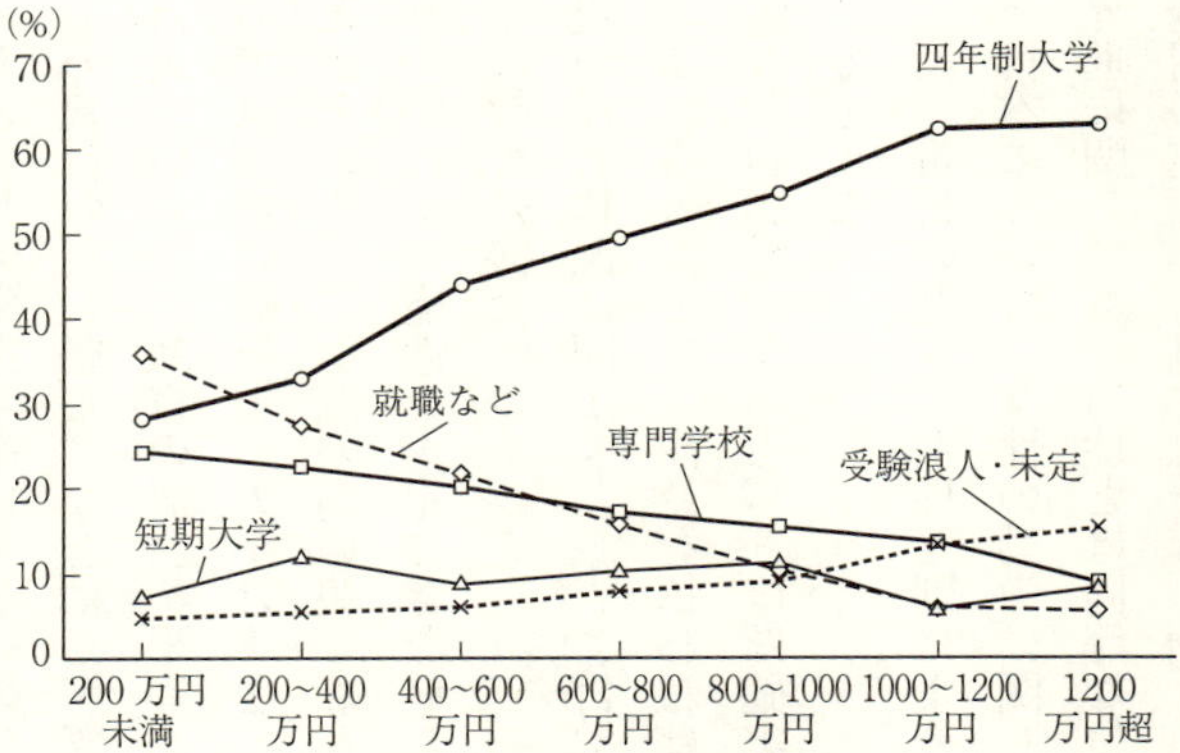

図 1-6　両親年収別の高校卒業後の進路

注：日本全国から無作為に選ばれた高校 3 年生 4000 人とその保護者が調査対象．両親年収は，父母それぞれの税込年収に中央値を割り当て(例：「500 万～700 万円未満」なら 600 万円)，合計したもの．無回答を除く．「就職など」には就職進学，アルバイト，海外の大学・学校，家事手伝い・主婦，その他を含む．

出所：東京大学大学院研究科大学経営・政策研究センター「高校生の進路と親の年収の関連について」2009 年 7 月．

なお、いまでは高校進学率が九七％前後に達しているので、中卒で教育を終える人は非常に少ないため、高卒後の進路に絞ってある。ただし、母子家庭で育った子どもの多くが中卒で終えるか、高校進学後も中退に追い込まれるケースがある、という貧困家庭の状況を強調しておきたい。

この図によると年収二〇〇万円未満の家庭では大学進学率は二八・二％、六〇〇万~八〇〇万円で四九・四％、一二〇〇万円超で六二・八％と高くなり、家計収入の多寡《たか》が子どもの大学進学率の差に大きな影響力があることは明らかである。

もとより大学進学率は子どもの生まれもった能力、子どもの勉学態度(すなわち努力)、高校での教育の良し悪し、などにも影響を受けるため、親の経済力だけが単純に影響を与えるとは言えないので、教育の機会不平等が親の経済状況だけで説明されるわけではない。とはいえ一方では、親の経済力の大小は子どもの能力や努力の程度と相関している。具体的にどういうことかというと、所得の高い親はなんらかの能力を持っている可能性が高く、それが子どもに伝わっている可能性を否定できないし、親の高い教育水準は子どもにもそれを期待する確率が高く、教育の機会が多く与えられ、それにより子どもが勉強に励むかもしれない。そうであれば親の経済状況は図1-6で示した以上に子どもの教育に強い影響力を持ちうる、と解釈できる。

これらのことには注意を払わねばならないが、親の所得の高低が子どもの大学進学率の差にかなりの影響力がある、とほぼ確実に結論づけられる。これは深刻な教育の機会不平等と言わざるをえない。

第二番目の例は、女性差別による機会不平等である。

日本において、女性の勤労に関しては男性より、かなり不利な状況にある。採用に関しても昇進に関しても、男性とは同等な処遇がなされてこなかった。一つの例として、女性の管理職登用の実態から見てみよう。図1-7は民間企業における係長相当、課長相当、部長相当とい

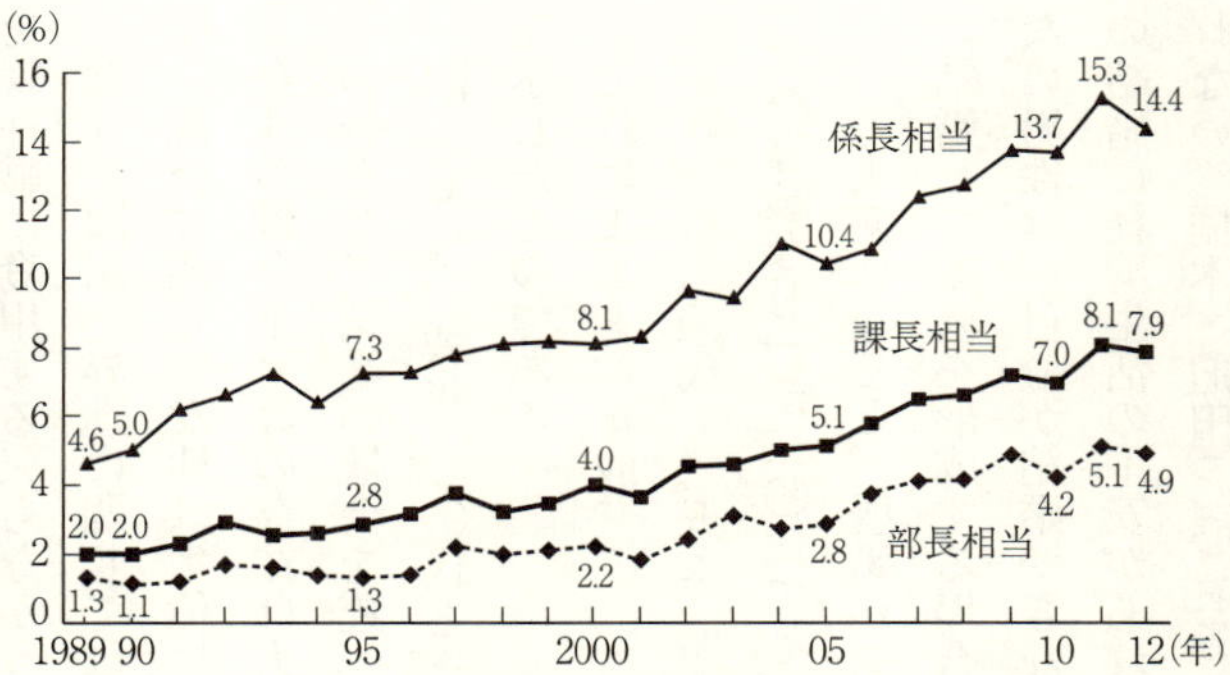

図 1-7　民間企業における役職別管理職に占める女性の割合の推移

出所：厚生労働省「賃金構造基本統計調査」.

った管理職に何%の女性がいるかを示したものである。係長、課長、部長の順で占める率が低くなっている。部長職にいたっては、まだ五%前後の低さである。しかし過去二〇年ほどの間に、前後しながらも比率が少しずつ高まっているので、ゆっくりではあるが、よい方向に進んでいるのは確実である。

なぜこれほどまでに女性の管理職比率が低いのか。女性を昇進という機会において差別するという厳しい事実が存在していたのは確かであるが、それだけが理由ではない。性別役割分担意識の強い日本であれば、女性で昇進をめざす人がそもそも少ないし、企業も女性に経験を積ませて管理職に登用するような経営方針を採用してこなかった。女性を総合職と一般職に区分して採用する企業が多いし、女性総合職の人数を大きく制限していたので、最初から女性を管理職に登用する気もなかった。

女性の雇用と昇進に関しては、すべてを差別のせいに帰することはできないが、かなりの程度が機会に関して女性は劣位にあったことで説明できる。

女性の機会不平等の存在は大方の合意があるが、男性にも意外な機会不平等があるので、第三の例として結婚の機会を述べておこう。

図1-8は、若年(二〇代と三〇代)の男性が、婚姻・恋愛においてどのような状況にいるかを示したものである。

これによると、年収三〇〇万円未満の男性に関して、既婚者は一〇%にも満たないし、「恋人あり」も二〇代で二五・三%、三〇代で一八・四%という低さである。逆に、「恋人なし」と「交際経験なし」が三〇代でそれぞれ三〇%台の高さにある。一方で年収が三〇〇万円以上四〇〇万未満になると、既婚が二六%に上昇し、「交際経験なし」が二〇%を割り込む。

結婚して家族を形成する場合、まだ男性の経済力に期待のかかる程度が強いので、年収の少ない男性は、自分が結婚できないと思うのかもしれない。結婚前のつき合いにおいても、将来の結婚に経済生活の不安があれば、男性は女性に積極的にアプローチする気力がないのかもしれない。橘木・迫田(二〇一三)が指摘するように、男性対女性との関係において「三〇〇万円

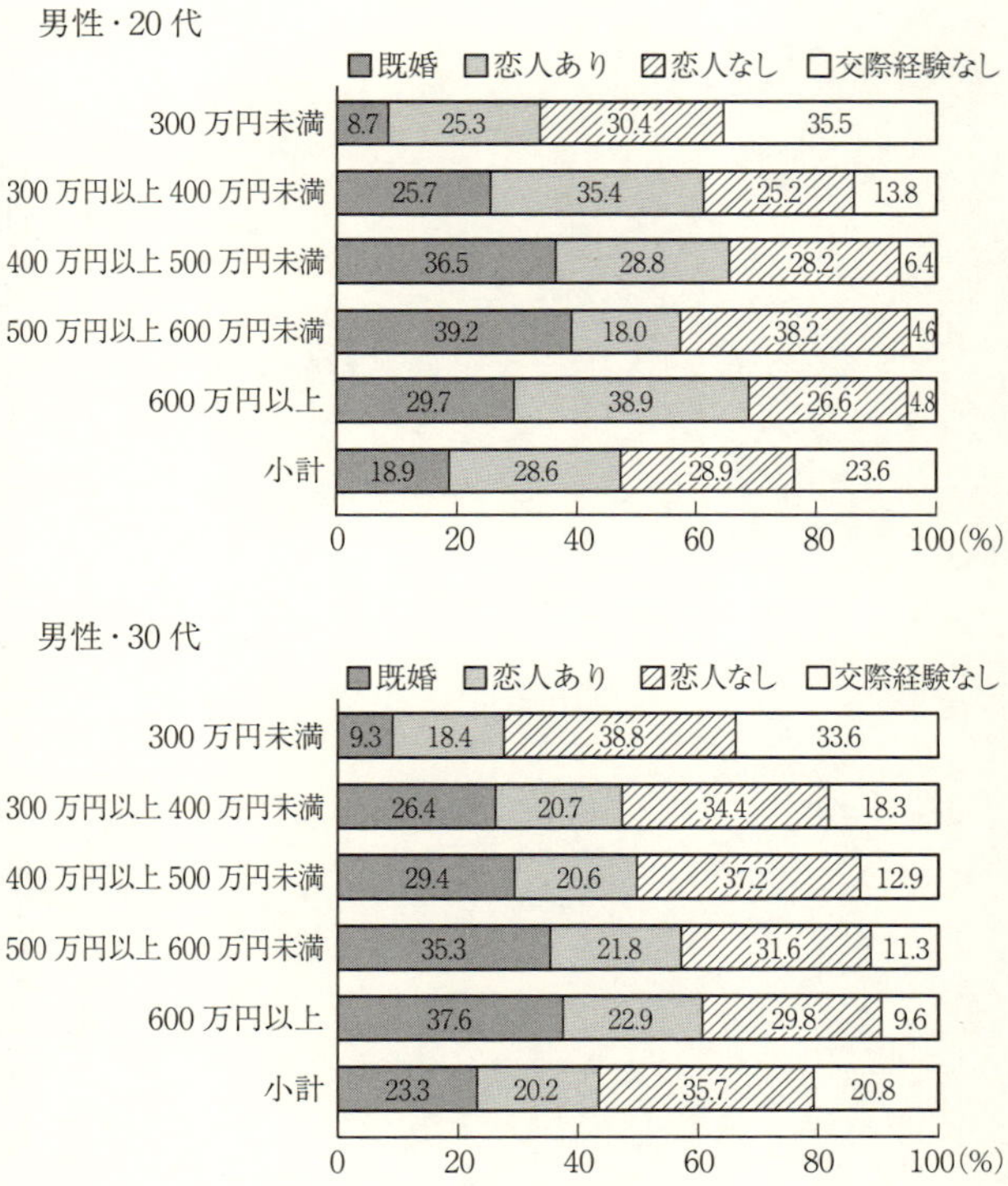

図 1-8　男性の年収別の婚姻・交際状況

注：職業が「学生」，年収が「わからない」という者は除く．「300万円未満」は「収入がなかった」，「100万円未満」，「100万円～200万円未満」，「200万円～300万円未満」の合計．「600万円以上」は「600万円～800万円未満」，「800万円～1000万円未満」，「1000万円以上」の合計．「既婚」は結婚3年以内．

出所：内閣府「結婚・家族形成に関する調査」(2011年) より作成．

の壁」が男性には存在するのである。結婚と恋愛という事象に関して、男性は女性より機会不平等なのである。

第2章　格差を是正することは可能か

所得・資産格差の不平等化が進行している日本において、私はできるだけ平等分配に近づけるのが好ましいと考えているが、なぜ日本では平等化が進まないのだろうか。本章ではなぜ平等が好ましいのかを「幸せ」の観点から示したうえで、日本では平等を重視しなくなった理由をさまざまな角度から考えていきたい。

1　世界でもっとも幸せな国

世界における幸福度

「幸福」とは何か、「幸福に生きるには」といったテーマは、従来は哲学者や思想家が論じることであった。古代ギリシャにおけるアリストテレスから始まり、フランスのパスカル、ドイツのヘーゲルといった大哲学者、そして近代においてもスイスのヒルティ、フランスのアラン、イギリスのラッセルなどの「三大幸福論」はこぞって読まれ、「幸福とは」が大いに論じられてきた。

最近になって経済学がこの「幸福論」に進出しており、経済的な生活の豊かさが「幸福」に直結するかどうかが直接の関心事である。

二〇〇年におよぶ経済学の歴史はモノとサービスを消費することの効用(満足)を分析の道具としてきたので、満足＝幸福という等式が成立すると考えれば、経済学における幸福分析にもそれなりの歴史があったと言える。さらに経済学は統計・数字を重視するので、各国の人びとがいかに「幸福」であるかを計測するようになった。

経済学における「幸福」についての詳しい説明は別な本に譲り(橘木二〇一三a)、ここでは数多い国のなかで「国民が幸福である」と判断している人の比率がもっとも多い国、デンマークに焦点を当てて、日本にとって参考になる点を論じておこう。デンマークの人びとがなぜ最高の幸福を感じているかを知ることによって、どうすれば人は幸せになれるかの参考になるからである。

ヘリウェル、レイヤードとサックスは二〇一三年に国連への報告書として『世界幸福白書』を出版した。そして世界の一五六カ国の国民がどれほどの幸福度を感じているかを調査した結果、デンマークが第一位であることを示した。デンマークが第一位である事実は、イギリスのレスター大学が二〇〇六年に独自に一七八カ国を調査した資料によっても得られている。

ちなみに二〇一六年の最新の国連報告では、第一位はデンマーク、第二位がスイス、第三位がアイスランド、第四位がノルウェー、第五位がフィンランドであることから、北欧諸国が非常に高い幸福度を示している。また先のレスター大学の報告ではフィンランドが第六位、スウェーデンが第七位である。話をわかりやすくするために、デンマークだけをやや詳しく検討することにするが、ここで述べることは大なり小なり他の北欧諸国にも当てはまると理解してよい。

なお、アジアの小国、ブータンは一人当たりの国民所得がかなり低い発展途上国でありながら、チベット仏教への信仰心の強さや家族の絆の強いことから、国民の幸福度はかなり高い国として有名である。ブータンはこのことで世界的な脚光を浴びたことがある。しかし日本はすでに先進国の仲間入りをしていて、ブータンとは国の特色が異なるので、ブータンについては、ここでは言及しない(関心のある方は、橘木(二〇一三a)を参照されたい)。

デンマークの幸福度が高い理由

ここでは「幸福度」が高いのはなぜか、代表的な四つの理由を挙げておきたい。

まず第一に、国民の所得分配が非常に平等であることである。

表2-1は、先進諸国であるOECD諸国の再分配後の所得格差をジニ係数で示したものである。ここでのジニ係数とは、不平等度を示す指標であり、完全平等(すなわちすべての人が同じ所得の状態)のとき〇・〇の値をとり、完全不平等のときに一・〇の値をとるので、数値の高い国ほど所得格差が大きいのである。

この表によると、デンマークはもっとも平等度が高い。ちなみに他の北欧諸国の所得分配もきわめて平等度の高いことが、この表からわかる。

第二に、デンマークは福祉国家の代表国として、国民に年金、医療、介護、失業などの福祉サービスを手厚く提供している。

次ページの図2-1は主要先進国のなかで、社会保障給付費がGDP(国内総生産)に占める比率を示したものである。ここでの一位はフランスに譲るものの、二位にデンマークが入っている。日本は逆にアメリカとともに福祉への給付額は低く、低福祉の国である。

表2-1　OECD諸国の所得格差(ジニ係数)

アメリカ	0.379
イギリス	0.345
イタリア	0.337
日本	0.329
カナダ	0.324
韓国	0.315
ドイツ	0.295
オランダ	0.294
フランス	0.293
フィンランド	0.259
スウェーデン	0.259
ノルウェー	0.250
デンマーク	0.248

注1：所得は世帯人数で調整された世帯可処分所得を用いている.
注2：観測年は2000年代末.
注3：旧社会主義国と中進国を除き，先進国も主要国に限定した.
出所：OECD, *Facebook* 2011-12.

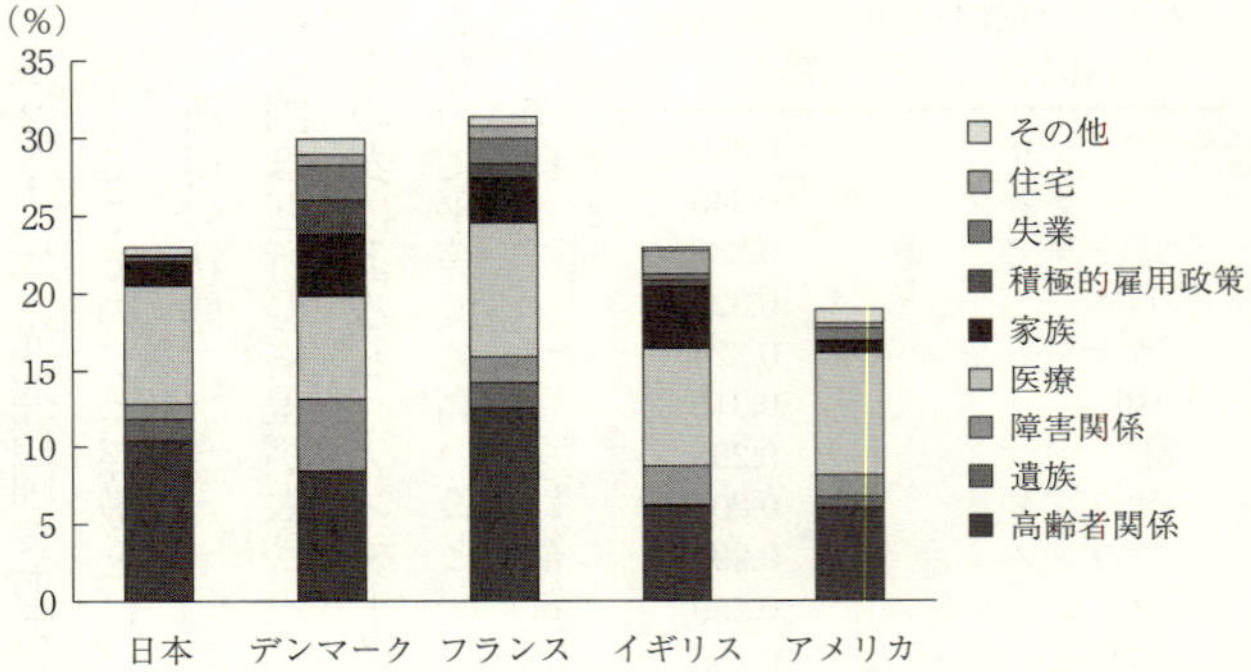

図 2-1　社会保障給付費の国際比較(対 GDP 比%, 2011 年)
出所：OECD, Social Expenditure-Aggregated data より作成.

もとより高い社会保障給付は、国民の税や社会保険料の高い負担がないと機能しない。ここでは北欧諸国は高福祉・高負担の国、日米両国は低福祉・低負担の国と理解しておこう。社会保障が充実していれば生活不安がないので、人びとは人生に安心を感じることによって幸福度が高くなるのである。当然のことながら、高い給付を賄うために高い負担が税と社会保険料として課せられている。これによって所得の再分配効果は強くなる。

第三に、デンマークの国民には人間の生き方として「平等」が重要な価値であると信じる人が多い。

これは、歴史的に農業協同組合の発展が見られ、人びとが共同で助け合う精神が歴史的に醸成されてきたことによる（橘木二〇一三a）。協同組合は牧畜、仕入れ、生産、販売などを共同でおこなったのである。しかも小国のため、まわりの大国（ドイツやロシア）からの侵略の危険にさらされてきたので、国民の間での連帯感が強い。平等意識と連帯感が強ければ、自然と所得・資産の格差は小さくなる。

第四に、先に述べたように、高い福祉を維持するには高い負担が必要である。税や社会保険料の負担を高くするには、国民の所得が高くなければ不可能である。所得が高いということは、国の経済を強く保たなければならず、人びとの勤労意欲は高く、労働生産性を高くするために国民に教育や訓練を施すことに国家も企業も熱心である。しかも生産性の低い企業や産業を保護することはコストもかかるし経済を弱くするとして、それらの企業は退場してもらい、強い企業と産業を育成することに国民の間で合意があるので、おのずと経済は強くなる。

日本の幸福度

デンマークの幸福度が世界一とわかれば、次の関心は私たちの生活する日本の幸福度である。二〇一六年の国連調査では日本は一五七カ国中五三位、一七八カ国のレスター大学の報告によれば日本は九〇位となっており、世界のなかでは高い位置にいるとは言えない。

先進国だけが対象のＯＥＣＤの研究においても、加盟国三四カ国中二〇位で、日本は真ん中あたりの順位であった。総じて言えば、日本人は幸福でもなく、とはいえ不幸でもない、というどちらかに偏った幸福度ではない。

なぜ、日本では、このような中間あたりの幸福度なのであろうか。

第一に、戦後の国民は貧しかったが、経済成長率が高い時代に入ることによって、国民の所得増加率は高かった。経済生活水準の上昇を身をもって経験したことにより、人生の満足度はかなり高くなった。しかし、オイル・ショック期を契機にして高成長の時代から低成長(あるいはゼロ成長)の時代に入ると、経済生活からの満足度は低下した。

さらに経済への期待だけでなく、他のことへの関心が高まった。われわれのまわりでは、さまざまなことが発生している。たとえば最近であれば、家族の絆の希薄化、ストレスのたまる人間関係、度重なる自然災害、原発事故、環境問題の悪化、など住みにくい社会になりつつある。そうすると、平均すれば、経済生活はそこそこの満足度にいる人であっても、それを打ち消すような不幸を感じる現象がまわりで増加することで、不幸度が高まる。

第二に、前の章で見たように日本は格差の拡大、とくに貧困率の上昇のなかにあり、経済生活の苦しい人の数が増加したことは確実である。

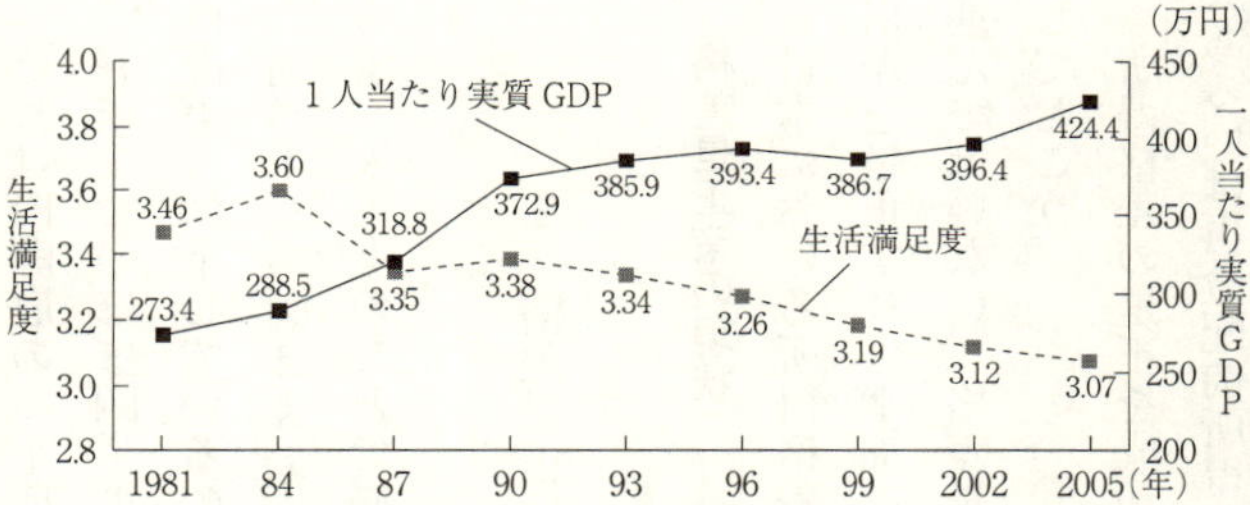

図 2-2　生活満足度と1人当たり実質GDPの推移
出所：内閣府「平成20年度国民生活白書」2008年.

こういう人の生活満足度が低いことは当然なので、不幸であると表明する人の数が増加する。一方で格差社会は所得の高い人の数の増加を意味するので、こういう人の幸福度は高くなる。これらは幸福な人と不幸な人の併存を意味するので、平均すると結局は高からず低からずの幸福度となるのである。

第三に、世界全体の国際比較から評価すれば日本人の経済生活は豊かなので、多くの先進諸国と同様に幸福度は高いと考えられるが、日本人の心理的な特性として何事にも悲観的に見る性格があるので、自分を不幸とみなす人の割合が高くなると考えられる。すなわち陽気で楽観的な見方をする人の多い国(たとえばアメリカやラテンアメリカ諸国を連想すればよい)にあっては幸福度は高くなるであろうが、控え目で悲観的な人の多い日本ではその逆になる可能性がある。

日本人の幸福度、あるいは生活満足度が過去から現在まで低下の傾向にあることを統計で示しておこう。

それは内閣府の『平成二〇年度国民生活白書』で如実に示されていて、一九八一年から二〇〇五年までのほぼ四半世紀の間、国民の一人当たりのGDPは増加しているのに、生活満足度は確実に低下しているのである。

前ページの図2-2が、それを示したものである。人びとの所得は増加しているにもかかわらず、人生上のことで悩み多い日本人になりつつあることがわかる。

2 格差是正は、なぜ進まないのか

格差是正策の現状

日本における所得格差の拡大が、不幸と感じている人の増加している一つの理由であるなら、格差を是正すれば幸福を感じる人の数は増加するだろうと予想できるが、実際はその是正策は進んではいない。格差是正策の現状を検討したうえで、なぜその是正策が進まないのかを議論しておこう。

所得格差の是正を成功に導くには、大別して次の二つの方法がある。第一は、課税前の所得(あるいは再分配前所得とも称されるもので、人びとが稼ぐ直接の賃金や所得)の分布を平等にする策である。第二は、政府は税制や社会保障制度によって家計所得の再分配をおこない、この効果が強化されると再分配後所得の分布は平等となる。もし第一で述べたように再分配前所得の段階で平等性がすでに高ければ、第二の策の登場は不必要である、ということに気がついてほしい。

第一のことに関して、現状を述べておこう。

日本における再分配前所得の分布が不平等化に向かっているという事実に関しては、ほぼ合意がある。厳密な統計で示すことはしないが、日本が規制改革の時代に入り、しかも競争を賛美する市場原理主義の経済に入りつつあることは皆の知るところである。企業や労働者の間の競争が激しくなれば、勝者と敗者が明確に出現することになる。このことが、人びとが稼ぐ賃金や所得の拡大を招くことは自明なので、これ以上述べないでおく。

むしろここでの関心は、第二の策に関してである。たとえ再分配前所得の不平等化が進んでいるとしても、政府が強力な再分配政策を実行すれば再分配後所得は平等化されるからである。たとえば所得税率の累進度、社会保険料の算定方式、社会保障給付額の程度、などの税・社会保障制度によって再分配効果の強弱がみられるからである。

ここで、日本の再分配政策がどうであるかを検証しておこう。まずは先進国のなかで、日本の再分配政策の程度がどれほどであるのか、を確認しておきたい。

図2-3は再分配前と再分配後の所得に関するジニ係数を示している。上の図では、その差が大きいほど再分配政策を強くおこなっており、その差が小さいほどそれが弱いので、日本がどのような性質を保持しているかがわかる。その差をグラフ化したのが、その下の図である。日本はジニ係数の改善度が小さいので、政府は弱い程度の、税と社会保障制度による再分配政策しかおこなっていないのである。

ところで、再分配前所得の不平等度はOECD諸国のなかでは中程度であるところに、弱い再分配効果しか保持していないのなら、再分配後所得で不平等度を評価すると、この上の図にあるように、上から八番目に高い不平等度になってしまうのである。要約すると、人びとの稼ぐ所得の不平等度はこの図では高いほうではないが、政府が再分配政策をわずかしか実行しないので、人びとの再分配後所得、すなわち可処分所得の格差は先進国のなかでも大きいグループに属することになる。生活の楽な人と苦しい人の差が、かなり大きくなっていることを意味しているのである。

どのような事実から、日本の税・社会保障制度についての弱い再分配効果を確認することができるであろうか。それは税と社会保険料の徴収制度を見れば明らかである。第一に、所得税

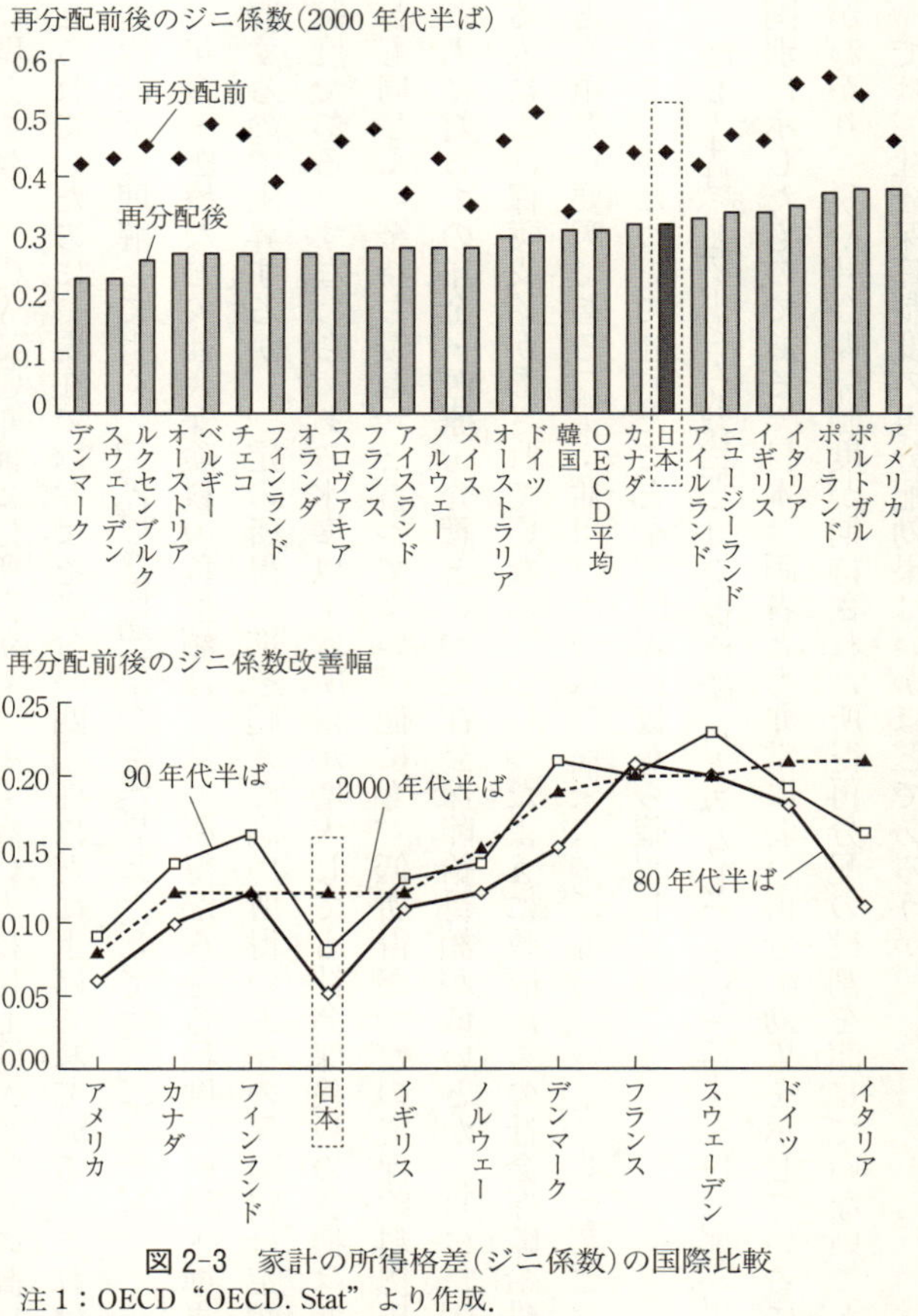

図 2-3　家計の所得格差(ジニ係数)の国際比較

注1：OECD "OECD. Stat" より作成.
注2：日本の値は厚生労働省「再分配調査」によっており，世帯の所得を世帯の人員の平方根で除した等価所得を用いている.
出所：OECD(2014b).

に関しては、二〇～三〇年前には所得がもっとも高い人には七〇～八〇％の高い所得税率が課せられていたのに、現在ではおよそ半分の四〇％ほどに下げられている。これは所得税率の累進度低下と理解してよく、「金持ち優遇」策が進行していると言ってよい。

年金・医療などの社会保険料の負担額は、低い所得からある程度の所得水準までは定率で徴収するので上昇するが、一定の所得水準を超えた高い所得の人への保険料は定額の徴収となる制度である。すなわち、ある水準以上は所得が増大しても社会保険料の負担は増加しない。これも同じく「金持ち優遇」と言ってよい。他にも、低所得だったので保険料拠出額が少なかった人に対しての年金・医療・介護といった社会保障給付額が低いとか、真に貧困で苦しんでいる人に生活保護支給がなされていない、といったように政府からの社会保障給付が不十分なことも重要な要因である(橘木・浦川(二〇〇六)、橘木(二〇一五、二〇一六a)を参照)。

ここで税について述べたことを、国際比較から確認しておこう。

図2-4は、税金と公的移転(社会保障給付とみなしてよい)による再分配効果をいくつかの国別に示したものである。日本は両者とも非常に弱い再分配効果を示しているにすぎないことがわかり、税や社会保障制度が期待された所得再分配の役割を演じていないことが確実である。

では、社会保障制度の再分配効果はいかほどであろうか。

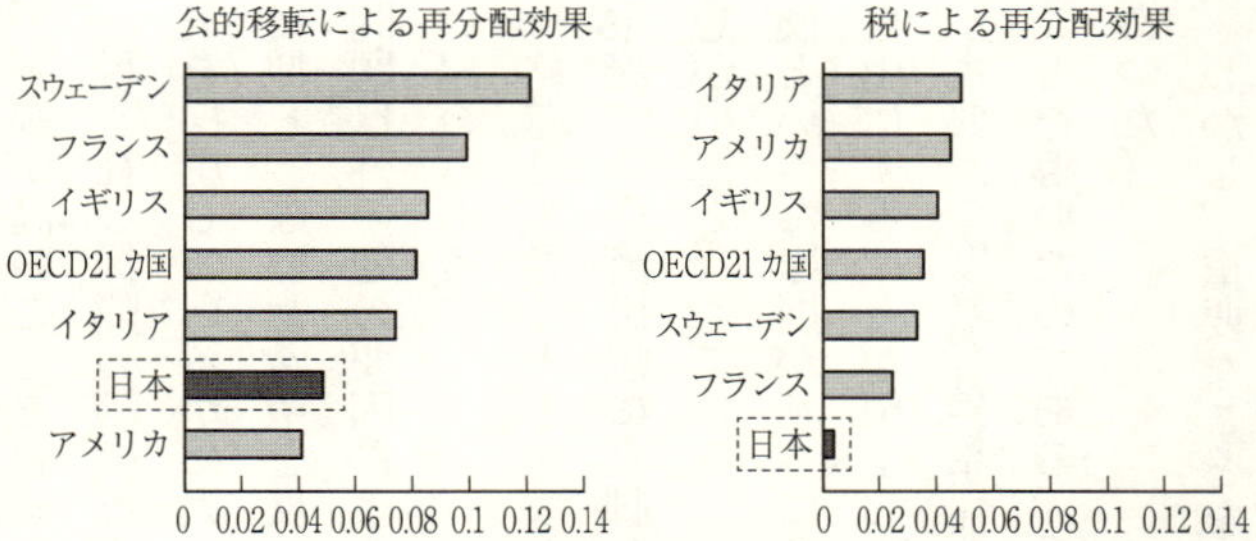

図 2-4　税と公的移転による所得再分配効果
出所：OECD, *Growing Unequal*, 2008.

二〇一一年度の厚生労働省『所得再分配調査』によると、ジニ係数の改善度（すなわち再分配の程度）三一・五％のうち、税による貢献分は四・五％にすぎない。社会保障による貢献分は二八・三％であり、圧倒的に社会保障制度による比率が高い。まとめると日本の税・社会保障による所得再分配効果は非常に弱いが、税の貢献分は非常に小さく、弱いながらもそれを支えているのは社会保障制度なのである。

弱い再分配政策

政府が税と社会保障による弱い再分配政策を保持している理由を議論することは、すなわちなぜ政府あるいは国民が所得格差の大きいことを容認しているのか、ということを議論しているのと同義と理解してよい。もし政府、あるいは国民の平等志向が強ければ、税と社会保障による強い再分配効果をおこなうように政府に要求するだろうし、再分配後所得の不平等が高いことを容認しないからである。

税や社会保障の制度を立案するのは国会での議決事項なので、時の政権がどのような経済政策を採用しているかに大いに依存する。国会議員を選ぶのは国民なので、政府の意向は国民の後押し、ないし希望を反映したものなので、ここでは政府と国民は一体とみなす。ただし格差問題以外の他の要因による政権交代ということがあるので、政府と国民の意向が常に一致しない場合もある。

格差は大きくともかまわない、という主張は、いわゆる「新自由主義」あるいは「市場原理主義」の経済思想に立脚している。哲学・倫理学上は、リバタリアニズム(自由至上主義)の思想が根拠となっている。人間社会にあっては、私的所有権の保障、契約と行動の自由、等価交換といった原則が基本にあるので、人びと、そして企業は、自分の思うがままに、経済行動を自由にすることが望ましいと考えるのがリバタリアニズムである。この思想に立脚する経済学が古典派(あるいは新古典派)経済学の理論である。自由な経済活動が資源の配分を最適にすることを導いたのである。換言すれば、経済はもっとも効率的に運営されることを保証したのであった。

しかし、重要なことを補足しておかねばならない。それは自由競争によって、経済学では

「パレート最適」(第3章参照)と称されるように、経済はもっとも効率的に運営される。しかし、人びとの所得の分配については何も語ることができないということが、この古典派経済学の教えることであった。すなわち、資源配分は最適であったとしても、所得分配では不平等性の高いことが起こりうるし、逆に平等性の高いことも起こりうる可能性をも示唆しているのであり、人びとはどちらかを選択せねばならないことを意味していることになる。

このことを別の言葉で述べれば、社会はどのような所得分配の状態を選択するのか、ということを決定しなければならないのである。まさにこのことが世界各国において所得格差の大きい国と小さい国の併存がありうることを認めることにつながり、各国の人びとが自分の国の所得分配のあり方をそれぞれに選択しているのである。日本人は所得分配の不平等はやむを得ない、あるいは強力な再分配政策は不必要と判断しているのである。なぜそういう国のあり方を好んでいるのだろうか、本論に入ろう。

第一に、これは企業経営者、すなわち経済界からの主張であるが、高い租税負担(所得税なり法人税)や高い社会保険料負担(これは保険加入者による自分の保険料のみならず保険料の事業主負担分)があると、労働者の勤労意欲や貯蓄意欲、そして企業の投資意欲にマイナスになるので、経済活性化に悪影響がある、とする考えである。人びとは働かなくなり、企業も進んで企業活動をしなくなることを意味するので、結果として経済は停滞に向かうとして、それを避けるために国民と企業への税や社会保険料の高い負担を課すことに強硬に反対する。経済界が「小さな政府」を志向する理由が、ここにある。

第二に、第一で述べたことは量的に小さな政府、すなわち政府がおこなう種々の政策の規模を小さくすることを意味するが、これに加えて、質的にも小さな政府を経済界は求める。規制の撤廃策、あるいは労働者保護のために設けられた種々の労働法や条例の撤廃や弱体化を求める。企業は経営権の自由を主張して、外部からの介入を小さくしようとするのである。

たとえば、労働者の生活を保障するために「最低賃金法」がほとんどの国で存在するが、総じて経済界はこの法律に否定的である。この法律すら撤廃せよとの声も少なくないが、大方は最低賃金の額をできるだけ低くするように要求を出す。企業における労働費用の節約を目的にするのであって、経営上の要請であることを考えれば自然な要求とも言える。しかし、労働者側からすると低過ぎる賃金であれば生活ができないことになるので、低い最低賃金を求める経営側と高い最低賃金を求める労働者側は常に対立している。最低賃金制度というのは、企業側からすると外部からの経営権への過剰な介入と判断されるので、最低賃金制度の撤廃や最低賃金額を削減するというような要求を、政府が開く「最低賃金審議会」などで主張するのである。

第三に、第二で述べたことをもっと詳しく検討すると、次のような事実が無視できない。すなわち、労働者側が経営側からの攻勢に抵抗していると述べたが、抵抗する労働者側が一枚岩ではないという事実が格差を縮小するに際して障害となっているのである。どういうことかというと、労働者側にも「恵まれた人」（正規労働者で比較的高い賃金を得ていて、労働組合に参加している人）と「恵まれない人」（非正規労働者で賃金が低く、労働組合に参加していない人）がいて、両者で抵抗活動にかなりの温度差が見られるのである。

たとえば、最低賃金額のアップ策に関して、後者は強力に推し進めようと主張するが、前者は、いちおうはアップ策を声には出すがどこまでそれにこだわるのか、疑問が残るのである。前者の人びとは、もし最低賃金が上げられると、その財源確保のために自分たちの高い賃金がカットされるかもしれないと危惧して、最低賃金のアップ策に及び腰になるかもしれないのである。

このように労働者の内部で意見や思惑の対立があれば、労働者全体として要求する力が弱くなって、経営側に押し切られる可能性がある。これは、最低賃金制度のみならず、正規労働者と非正規労働者間に横たわる処遇格差の是正に関しても生じているかもしれない。

格差是正への要求度が弱まる一つの理由は、労働者のなかに恵まれた条件の人とそうでない人がいて、前者の既得権益を守ろうとする人の意向が結構強いからである。しかも彼らの発言力による強い効果もある。

ちなみに、国や県における最低賃金審議会に出席する労働組合側の代表は通常「連合」である。連合に加入する労働者の多くは、大企業に勤務する男性の正規労働者なので、高い賃金の人々であり、既得権益を守ろうとする人であることが多い。

3 日本では、なぜ平等が好まれないのか

人間の心理

日本人が平等を好まなくなった、あるいは格差の存在を容認するようになった事実を説明するために、ここでは日本人の心理状況の特色に注目する。すなわち、人びとがどのような心理状態にいることが、平等を忌避《きひ》したり、格差を容認するようになったかを考察するものである。人間の心理という言葉ではなくて、人間の性格という言葉を用いてもよいが、ここでは心理で統一する。

人間の心理において、決定的に重要な特質は「野心」と「嫉妬心」であると私は考えている。

人間はまわりにいる人のなかで生きているのであり、それらまわりにいる他人との比較をして自分の位置を自覚して、何がしかの心理的な感情を持つものである。これらの野心と嫉妬心という感情が、人びとの行動を規定する効果大なのである。わかりやすい表現を用いれば、野心は他人よりも高い位置を望む動機であり、嫉妬心は他人よりも低い位置にいることを妬ましく思う感情である。

たとえば、消費ないし所得という経済変数を考えてみよう。

人びとは他人よりもぜいたくな消費なり高い所得を示すことができれば、優越感を持つことができる。優越感を得るために、人びとは野心を持って勤労に励むとか、いろいろなことで努力をするであろう。このことが経済の活性化に貢献することは間違いない。一方で他人よりも少ない消費なり低い所得しかない人は、劣等感にさいなまれるかもしれないし、他人に嫉妬心を抱く可能性が高い。この嫉妬心がよい方向に働いて、なんとか自分の劣位を挽回《ばんかい》しようと何ごとにも努力することは称賛されてよいが、それが逆に悪い方向に働いて、たとえば優位にいる人を落とし入れる行動に出ることは当然のことながら好ましくない。ここで述べたかったことは、もとより野心も嫉妬心も感じない無色透明の人もいるが、人間は多くの場合、野心か嫉妬心を抱くもので、それらが人間に何がしらの行動をうながす動機になるのである。

平等ないし格差との関係で野心や嫉妬心を考えると、平等社会ないし格差のない社会であれば、人びとが嫉妬心を抱く可能性はかなり低くなる。しかし一部の野心のある人は、自分だけ上に立とうとする行動を起こす可能性はある。一方で不平等性が高い、すなわち格差のある社会であれば、劣位にいる人は嫉妬心からよからぬ行動を取るかもしれない。よからぬ行動とは、たとえば優位にいる人の持つ資産や権益を奪おうとするかもしれない。それが犯罪行為につながれば、社会不安の元凶となりうる。

以上をまとめると、人間が大なり小なり保有している野心や嫉妬心は人間の行動の動機になりうるが、それぞれがよい行動をうながすこともあれば、逆に悪い行動をうながすこともありうる。このことは格差社会のなかにおいても該当することなので、野心や嫉妬心がどういうときにまた、どういう方向に作用するかを見極める必要がある。

格差と心理

ここでは人間の心理そのものから、格差をどう考えたらよいかを議論しておこう。格差を容認するかしないのか、あるいは格差の存在が人の行動に影響するのであれば、背後に人の心理が作用しているに違いないからである。

池上知子(二〇一二)は人間社会に格差が存在することを前提にして、格差是正や平等を願う声は相当あるにもかかわらず、遅々としてそれが進まないことに注目している。格差を容認する人びとがかなり存在することの理由を、主として心理学に立脚して解説しているので、それに準拠しながら、格差を発生させ、かつそれを維持させている理由を探求する。

一つの理論として「社会的支配理論」というのがある。これは人間社会には人びとの心底の思いとして、不平等な支配・被支配関係を願う気持ちがある、とする。それは権威主義と呼んでもよく、弱い自分を強い他人によって守ってもらいたいという希望を、人間が本能としてもっているものと理解する。一方で強くて権威を持っている人も規範や伝統を信奉して、それらが弱い人を服従させる効果があると考えている。すなわち、弱い人も強い人も支配・被支配の関係を容認する、という心理が人間にはあると考える。私の言う野心と嫉妬心に関連づければ、弱者が強者を嫉妬する感情は弱く、強者は野心のまま動いてよいのである。

この「社会的支配理論」は、時折人びとのイデオロギーとして認識されている。このイデオロギーは人びとの発言・行動の起源となる傾向があり、これが階層を固定化するのに役立つ。すなわち共通のイデオロギーが支配集団と被支配集団の双方に共有されるので、階層構造の維持に役立つのである。このことは、世の中に存在する格差を消極的にせよ双方が是認することを意味し、社会の秩序・安定に貢献すると考えられている。

わかりやすく言えば、世の中には強者(高所得者)と弱者(低所得者)が存在するのは事実であり、かつ避けられないことであるが、あえてこの両者の格差を是正しようとすれば、人びと、あるいは第三者なり政府は強硬なことをしなければならない。それをすればお互いが破滅に至ることもあるので、ここは静かに格差の存在を容認しておいたほうが無難である、との人間の心理構造が働くと考える。

もっともここでの解釈には、一つの問題点が残る。それは格差の程度によっては、たとえば昔の王制や帝制、封建時代のように、ごく一部の支配階級が巨額の資産・所得や権力を保持する一方で、大多数の被支配階級が貧困に苦しんでいるのなら、被支配階級は体制を崩そうとして反乱を起こすこともありえる。それが現実に市民革命として、庶民が国王や貴族、大地主に抵抗して市民を中心とする社会を作り上げたことは歴史が物語っている。

現代は王制や帝制ではないので、ここで述べたことは重要ではないかもしれないが、格差が大きすぎるのであれば、たとえ民主主義の国であっても政府を打倒する運動は発生しうる。

もう一つ、イデオロギーに関しては、資本主義が発展してから資本家と労働者の階級対立が激しくなり、資本家が労働者を搾取《さくしゅ》している事実を覆さねばならないとするマルクス経済学思想、あるいは社会主義政治思想が一九世紀と二〇世紀を中心にして強くなった。これは大きな格差を是正するためのイデオロギーと理解してよい。このイデオロギーは暴力革命の容認論にまで発展して、ロシア革命をはじめとして各地での社会主義革命が成功し、政治体制の変わった国がいくつかあったことも歴史の知るところである。これらの歴史的事実は、格差の容認を是とするイデオロギーと逆のイデオロギーなので、「社会的支配理論」があれば、たとえば社会主義・共産主義のように「社会的支配打倒理論」という逆の理論も存在するのではないか、という説を提言しておきたい。

いまの日本は、かつて市民革命や社会主義革命が起きたときの時代のように、支配階級と被支配階級の間に極端に大きな格差があるわけではない。とはいえ、変革を望むかどうかの岐点は、人びとが日本の所得や資産の格差をどの程度の深刻さと理解しているかによる。いわば格差の大きさの程度、あるいは深刻さが、「社会的支配理論」か「社会的支配打倒理論」を支持するかの分岐点でもある。私は日本では革命は起こりえないと考えているが、貧しい人が多くなってきていることにより、その臨界点に近づいているのではと考えている。

格差を是認しているのか

格差に関する心理学の立場から、第二の理論がある。それは池上(二〇一二)によると「システム正当化理論」とされている。第一の「社会的支配理論」と少し似ているが、ここでは弱くて不利な立場にいる人すら、格差を是認することがある、という点を強調することに特徴がある。人間の心理として、現状を維持して肯定しようとする動機が存在するというもので、現行の制度やシステムが長い間存在してきたのであれば、そのこと自体が公正で正当なものであるとみなすにふさわしい、と錯覚することすらありうる。

たとえば心理学からみると、格差あるいは階層の上にいる人にとっては、当然のことながら自分の恵まれた位置は自分の利益と一致するので、それを打破しようという気持ちを持たない。野心を満たしたので満足なのである。あるとすれば階層の下にいる人びとへの罪悪感であろうが、これも下の人びとが強いイデオロギーを持って反抗してこない限り、沈黙していたほうが自分にとって好都合という心理が働くと予想できる。

興味深いのは、格差あるいは階層の下のほうにいる人の心理である。本来ならばそういう人は格差の存在を容認せず、上の人への嫉妬心はあるだろうし、このままではいけないと思う人が多数派であろう。しかしながら、そこで上位にいる人への嫉妬心をむき出しにせずに、すでに述べた「野心」をもってむしろ自分で上位に這い上がろうとする心理を持つ人もいる。上位にいる人を倒して、それらの人を下位に引き降ろすとか、格差をなくすような行動をとれば社会に不安を与えるだけなので好ましくないと思い、格差の存在を容認したうえで自分が努力して上の位置に自分で上ることを希望する人がいるのである。

アメリカでは、所得の低いのはたまたま不運であったとか、自分の努力が足りなかったから、今は恵まれていないだけでそれほど不幸とは感じておらず、自分が頑張っていつかは高額所得者になろうとする人が、かつては多かった。これこそが格差の存在を容認したうえで、みずから上に這い上がろうとする人がいるという「システム正当化理論」がうまく適合する例である。

アメリカに関しては、ごく最近になって新しい動きが起きた。民主党の大統領候補になるべく予備選挙でサンダース上院議員が「格差是正」を旗印にしてかなり健闘し、とくに若い層を中心にして支持が高かったのである。

「システム正当化理論」におけるもう一つの有力な根拠は、保守主義との関係である。現在のシステムを保持することが、人びとに心理的な安寧感《あんねいかん》を与えるという事実に注目して、人びとが保守的な思想を持つということは、不確実性のあることを好まず、かつ変化を嫌うことを意味する。これは、すなわち現状の肯定なので、世の中に格差の存在することを保守の立場から擁護することにつながる。この解釈を書いた理由は、今の日本でもっとも恵まれない層というのは失業や低所得で苦しむ若者であるのに、今の若者は社会にあまり不満を述べず、政治的に保守化していると思われることを的確に説明できるかもしれないからである。近年のネット上での一部の発言も、その一例かもしれない。先ほどのアメリカにおける若者のサンダース支持とは対極にある。

ジョストというドイツの心理学者を中心にしたグループ(二〇〇三)は、外的脅威や不確実性が増大したときは、人びとは保守主義に傾いたり回帰することがあるとした。これも今の若者が先がみえない、きびしい格差社会のなかで保守化している現象に結びつく。

集団的格差の肯定、ということがとくに重要だと思う。たとえば、アメリカにおいては人種の間にはさまざまな偏見や差別が存在して、教育、仕事、収入などに関して格差がある。アメリカのみならずどこの国にも似たような偏見や差別があり、女性と男性の間にも格差がある。これらは人種や性別といったことで区別される集団と考えてよい。

これらの各集団の間に格差の存在することは明らかであり、それはそれぞれの集団に属する人の間でのことなので、自分には責任のない格差であると個々の人びとは思うかもしれない。すなわち、すべての人がその集団に属する特有の性質を共有していることから格差が発生しているので、個人に非はないと白人や男性という格差社会の上のほうの集団は思うかもしれないし、逆に、黒人や女性という下のほうの集団も同じ思いで、自分の非で格差社会の下のほうにいるのではないと思うかもしれない。

換言すれば、自分と同じく恵まれている集団に属する人や逆に恵まれていない集団に属する人が、他にも多数いるので、別に優越感や劣等感を持つ必要はない、あるいは野心や嫉妬心と無縁であるとしてもよい。この心理的な要因が、集団的格差の肯定につながると考えてよいかもしれない。

「博愛心」

第三に考えうる心理は、私が「博愛心」と呼ぶもので、格差の上にいる人は格差の下にいる人を悲惨だと思い、彼らへの気の毒さという感情から、自分たちの高い所得や多く所有する権益を、下にいる人に譲る気持ちを持つのである。この博愛心は宗教を信じることで発生することがあるし、宗教に頼らなくとも個人でそういう感情を持つ人がいる。フランス革命の標語が「自由」「平等」「友愛（あるいは博愛）」であることに留意しておこう。

博愛心に関しては、いろいろなタイプの人がいる。

第一は、格差が現実に社会に存在していることを認めるが(このことは博愛心があるといえる)、それにあえて目をつむる人である。すなわち自分の権益を失うことを嫌って、格差を無視するか無言を貫く人である。

第二に、宗教心や人間の愛情の深さから、心の中では博愛心を持っているか、それともそれを持つべきだと思っていても、それを発言や行動という実行段階に移さない人がいる。なかには発言はしても、行動をしない(たとえば所得再分配政策を実行しようとする政党に投票しない)人がいるのも事実である。もう少しわかりやすい言葉を用いれば、本音と建前をうまく使い分ける人である。

第三に、当然のことながら博愛心はなく、冷徹な精神の持ち主の人もいる。換言すれば自己中心主義であって、利他主義を好みとしない人である。

第四に、第三の人とは反対に、博愛心が強くて、しかも第一や第二の人とは異なって、発言も行動もする人である。これらの人は、世の中に存在する格差をできるだけ小さくする政策に賛成するのである。

以上のように人間社会にはいろいろな種類の人がいるので、格差という現実に向かい合うときに、社会がどのような政策を採用するかは、それぞれのグループに属する人の比率の大きさで決まるのである。すなわち、そのことが、だれが政権を担うのかを決めるからである。しかしこれは博愛心という次元での話題であって、他にも、たとえば経済への効果をどれだけ考慮するか、次に述べるモラルハザードのこと、などがあるので博愛心の強弱の程度だけで決まるのではない。

モラルハザードへの過剰な嫌悪感

所得格差が大きいことを是正するための政策には、各種ある。そもそも所得格差は大きくてもよい、とする思想からは、格差是正の声は小さいが、ここでは一定程度の格差是正は必要であるとのコンセンサスのある社会を念頭におく。そうすると政策の発動が期待され、具体的には社会保障制度がその第一候補である。累進度の高い税制にもその効果はあるが、それは後に言及する。

たとえば、生活保護制度、雇用保険制度、年金・医療・介護といった社会保険制度がある。生活保護制度は食べていくだけの所得のない人に政府が現金支給をして、国民すべてが最低限の生活ができるようにする制度である。貧困撲滅策としてもっともわかりやすい福祉制度である。財源をすべて国民からの税収に依存しているので、税を払っているすべての国民が関心を寄せてよい制度であり、誰もが受ける権利がある。

生活保護制度に関して日本で特徴的なことは、この制度の恩恵を受けている人への〝白い眼〟である。テレビや新聞でのマスコミ報道が不正受給を暴露している現状があり、多くの国民は制度自体への疑心暗鬼の状態にいる。不正を報道することはマスコミの役割でもあるし、不正は厳格に排除せねばならないので、この報道自体を批判する気はないが、やや過剰気味の気配があり、国民を煽《あお》っている感がないでもない。あたかもすべての受給者が不正受給をしているとの印象を与えかねない。

真に貧しくて生活保護受給によって生き延びている人の紹介を、もう少し報道してほしい気がする。そしてそういう人は、できれば働き口を見つけたいという気概を持っている、ということもつけ加えてほしい。

真面目に働いて所得を得ている人が、自分たちの支払う税金が不正に使用されていると知ったなら、確かに誰だって不快に思うだろう。さらに基本的には不正受給、広い意味ではモラルハザードを起こしている人は許されるべきものではない。モラルハザードの発生を監視して、もしそれが見つかったのならば厳格な処罰はあってよい。監視と処罰の実行には人手を要するので費用がかかるので、そのために公費の投入は十分になされてよい。隙あらば制度の悪用を狙う(すなわちモラルハザードを起こす)性質を人間が持っていることは万国共通であって、別に日本人だけに特有なことではない。日本でそれが目立つ大きな理由の一つは、監視と罰則が弱いからである。

しかし、監視や処罰を考えるよりも、社会保障制度そのものの規模を小さくする政策のほうが好ましいとする考え方が日本ではかなり強い。そもそも生活保護制度などの社会保障制度の存在自体が、国民にモラルハザードを起こさせる余地を与えているのであるから、小さい規模の社会保障制度を望ましいとする人が多いのである。現実に日本の社会保障制度の規模はヨーロッパと比較するとかなり小さいので、所得格差の是正策の効果は小さくならざるをえない。もう一つの有力な理由は、充実した社会保障制度にすれば、国民は怠惰になると判断する人が多いことである。

たとえば失業保険制度は求職活動を鈍くするかもしれない、医療保険制度は医師と患者の双方に過剰診療や過剰検査・過剰投薬の余地を与えるというようなことである。これらは、アメリカのレーガン元大統領やイギリスのサッチャー元首相が主張したことでもある。政府などに頼るよりも、自立の精神を尊重することが人間社会にとってふさわしいと考えて、社会保障制度の規模縮小の声が日本では根強いのである。充実した社会保障のためには財源の確保が必要であり、そのための高い税と社会保険料の負担は経済効率の達成にマイナスであるとの認識がとくに経済界を中心にして強いことも、日本では社会保障制度がヨーロッパより不充分である理由である。

哲学はリバタリアニズム、経済は市場原理主義

モラルハザードへの嫌悪感と自立精神の重視を哲学・倫理学の見地から再解釈すると、新自由主義あるいはリバタリアニズム(自由至上主義)の尊重ということになる。個人や企業が活動する際に誰からも束縛されず、かつ政府の規制のないことがもっとも重要な原則であると考える主義である。自由な経済活動をもっとも尊重する原則が保障されれば、経済は効率的に運営されるという命題を信じているのである。

経済学の世界では、この思想はアダム・スミス以来の伝統にあるように、「市場に任せることがもっとも高い経済効率を得る」という古典派・新古典派の経済学の命題と一致するのである。現代語を用いれば、「市場原理主義の経済」ということになる。規制緩和を主張する一派が日本で強いことは皆の知るところであるが、自由な経済活動の保障が強い経済の源泉となりうる、という命題への強い信頼がある。

しかし個人と企業の自由な経済活動は結局「競争」を重視することになるので、競争の結果、「勝者」と「敗者」の輩出につながることは避けられない。有能で頑張って勝ち抜いた人は高所得者、有能でなく頑張らない、あるいは頑張ることのできない人は低所得者となりうるので、格差社会の発生原因の一つとなる。

たとえ「勝者」と「敗者」の顕在化によって格差が大きくなっても、高所得者から低所得者への所得再分配効果が十分に機能する制度になっていれば、格差は縮小する。しかし、すでに見たように日本における所得再分配効果は時代が進むとともに希薄となっているので、格差の縮小はなく、むしろ競争の帰結による大きな格差がそのまま保持されるのである。

このようにして経済界の人びとの多くが信じる新自由主義が優勢な日本においては、平等性の重視は経済効率性の達成にとって障害となるので、日本では平等性(すなわち小さな格差)は軽視されるのである。これを経済学では効率性と公平性のトレードオフと称する。多くの時代で、しかも多くの国でこのトレードオフが成立するのが一般的なので、効率性を重視する傾向の強い日本においては、公平性は犠牲とならざるをえない事情が存在するのである。

第3章　脱成長経済への道

1　経済学における成長と脱成長の葛藤

古典派経済学以前の経済成長

古代のギリシャ・ローマは、経済という点からするとさほど顕著な発展をしておらず、人びとの生活はたとえ市民であっても貧しく、しかも奴隷が全人口の三〇〜四〇%を占めるという歪んだ社会であった。

中世のヨーロッパにおいては、農業が主たる産業だったわけで、農民の生活は貧しいうえに、封建領主からの搾取に苦しんでいた。自給自足の経済のなかにいたのであり、人びとの経済生活の水準が向上することはほとんどなかったが、農業生産性のわずかばかりの成長により、多少の生活水準の向上は見られた。注目すべきは、一一世紀から一三世紀のヨーロッパの一部(イタリアやスペイン)で商業を中心にした都市の発展が見られ、それが後の都市国家の繁栄につながり、アメリカ、アフリカ、アジアへの進出と、その後の植民地獲得競争の時代への源泉となる事実である。

しかし、一五世紀から一七世紀になると、二つの分野で新しい動きがヨーロッパで発生した。それは第一に、科学の分野で画期的な発見・発明理論が起こったことと、第二に、いわゆるルネッサンスと称される文芸復興の時代で、新しい芸術・文化を模索する運動が発生したことである。経済に関しては前者が重要で、一五四三年のコペルニクスによる『天球の回転について』、デカルトによる一六三六年の『方法序説』と一六四四年の『哲学原理』、一六八七年のニュートンによる『自然哲学の数学的諸原理』などにより、科学の方法論がまったく新しい方向に、それこそ転回したのである。

この科学の発展が、後に産業革命の源泉となる新技術の発見と進歩につながる。たとえば、ジョン・ケイによる織機やリチャード・アークライトの水力紡績機の発明、少し時間を経過してからトーマス・ニューコメンによって発明され、ジェームス・ワットによって改良された蒸気機関、ジョージ・スチーブンソンによる蒸気機関車の開発などがあり、イギリスが世界に先駆けて産業革命を起こした原動力となったのである。すなわち、繊維・織物工業においては蒸気機関を用いて生産性の高さを誇ったし、鉄道によって石炭や鉄鉱石、そして生産品の輸送を効率的におこなうことができる素地をイギリスに与えたのである。

これらの科学革命と新しい技術の開発がイギリスの工業を有利にしたことが、経済成長がヨーロッパで最初に起こった理由である。イギリスに次いで時期は少し遅れるが、フランス、ドイツなども産業革命を成功させて、ヨーロッパが広範囲に強い経済を保持するようになったのである。

世界においてヨーロッパがなぜ最初に強い経済(すなわち経済成長)を示すようになったかを説明するには、国家が軍事的・政治的に強くなったことの効果を忘れてはならない。ヨーロッパ諸国がアジア、アフリカ、アメリカ大陸などを植民地化したことは、強い国家を背景にして重商主義を採用し、貿易を進めるために有利に働いた。それが多額の貿易収入をもたらし、その蓄積は国家の財政を強くした。しかも各国間の戦争は絶えなかったが、王国であったり民主国家であったりしても国家そのものは軍事的・政治的に強く、経済発展を背後から後押ししたのであった。

重商主義の時代には経済学は黎明期の前にいたが、重商主義の次に出現したのが重農主義、重工主義である。経済学の進展に関しては、重農主義の経済思想が重要である。国家が貿易を含めた諸活動を保護・干渉する重商主義の姿を批判するのが、重農主義である。経済の根幹をなすのは商工業ではなく農業であるとして、農業のみが純生産物を生む産業であるとみなした背後には、人が生きていくためには食料がもっとも基本である、との見方が影響している。有名なフランスのケネーは、「経済表」という表を用いて、経済循環の基礎は農業、あるいは土地にあると考えた。すなわち、農産物をつくる農業が人間社会における生産活動の根源にあるのだ、というのが重農主義の信念である。

ルイ一五世の暴政下での戦争と王権によるぜいたくに国民が嫌気をさし、国家が自由を束縛して保護・干渉する姿勢をとる重商主義や重工主義に対抗して、自由な農業を農民にさせよ、という思想が重農主義の中心地フランスで勢力を強めた。「自由な農業を」は「レッセ・フェール(自由放任主義)」の思想につながったのであり、「規制のない自由な経済活動を」は重農主義にその起源がある。自由な経済活動を最初に奨励したのは、必ずしもアダム・スミスの『国富論』ではない。

スミスの道徳哲学

スミスの経済思想は、イギリス産業革命による工業の発展を念頭において自由な経済活動に価値を見出したのであるが、その発想はフランス重農主義からもらったものである。ついでながら、スミスの経済思想においてもっとも価値が高いのは、資本主義においては「分業」がモノの生産方式とヒトの配置方式において効率性をもたらす、としたことと、政府の役割は小さいほどよい、と主張したことにある。

スミスは一七七六年出版の『国富論』に先立つ一七五九年に『道徳感情論』を出版し、自由主義的な経済活動をおこなうに際して、市場参加者である取引者の道徳が正しくないと、市場はむしろ弊害を生む結果になることもある、と警鐘を鳴らしたことは有名である。

人間の本性は自分の利益を考えることが当然ながら中心となるが、同時に他人に関心をもつことも事実であり、他人の運・不運や幸・不幸を見ることによって何らかの感情をもつのが人間である。このような自分の感情と、実際に運・不運や幸・不幸に直面している他人のもつ感情とを比較して、両者が一致すれば他人の感情は適切なものとして是認されるし、あまりにも異なるのであれば適切でないとして否認する。堂目卓生(二〇〇八)によると、このように他人の感情の適切さを判断する心の作用を、スミスは「同感」(sympathy)と呼んだ(「共感」と訳されることもある)。

堂目は、スミスによる同感を以下のようにまとめている。同感を考えることの価値は、次のような論理で説明される。すなわち、同感を感じて各人は第三者の立場にいるような観察者となり、自己の感情や行為がその観察者から賞賛を受けるか、最低でも非難を浴びないようにしたいと努力することとなる。しかし、人は生来自分を正当化しようとする性癖をもっているために、第三者による「公平な観察者」の声を無視するという弱みがある。そこで人間社会は知恵を働かせて一般的諸規則(general rules)を設定し、それを守ることを義務の感覚として認識させようとした。その一般的諸規則は法律になることがあり、法律を守ることが人の義務となるのであり、これによって社会秩序が維持できるとスミスは考えたという。

スミスのいう同感は経済の話題にも適用される。前の章で人間の心理として「野心」と「嫉妬心」あるいは「博愛心」の役割を私は強調したが、ここでそれらがなぜ重要であるかを述べておこう。

人間が、悲哀よりも歓喜に同感したいと思うのは自然であろう。ただし他人の歓喜に対して、嫉妬(envy)の感情をもつことがあるのも人間なので、いつでも歓喜に同感するわけではないという反論はあるだろうが、第三者の立場にいる「公平な観察者」は嫉妬を抑制しようとする。その抑制に応じる感情も人にはあるので、全体で評価すれば人は悲哀よりも歓喜に同感すると言ってよい。

経済活動の成果として、自由な競争をおこなえば、富裕者と貧困者の双方が出現することは避けられない。社会的地位に関しても、高い人と低い人の両者がいることも事実である。前二者を競争の勝者、後二者を敗者と称しておこう。勝者は歓喜を呼び起こし、敗者は悲哀を思い出させるだろう。

だが『国富論』では市場経済での競争のもつ価値を賞賛しているので、勝者を称しているが、『道徳感情論』では勝者が必ずしも幸福とは限らないと主張している。

なぜスミスは、富裕者や高い地位の人は必ずしも幸福ではないと考えたのであろうか。次のような理由があげられる。

第一に、人が富や高い地位を求めるのは他人からの同感や賞賛を得たいためであるが、その動機をスミスは野心(ambition)と呼び、それは虚栄(vanity)に通じることがある。競争に勝つためには、それが虚栄とされようとも野心をもたねばならないわけで、これを全否定すれば競争には勝てない。

しかし『国富論』において競争を賞賛するスミスの論理には、多少の無理があると言えないだろうか。あえてスミスの立場あるいは経歴から弁護すれば、『道徳感情論』を書いたころのスミスは道徳哲学者であったが、『国富論』を書いたころは経済学者になり切っていたと考えることで、矛盾の程度は少し小さくなるかもしれない。

第二に、スミスは真の幸福は平静(tranquility)にあると考えたので、心が平静のときに人は幸福であるとした。富や高い地位を求める人は、常に競争に勝つために野心をもち続ける必要があるので、あくせくしていろいろなことを考えるし、いろいろな手段をとるので、心の平静を保つことは不可能である。したがって、こういう人は幸福ではないとスミスは判断したのである。

ただし、スミスは『道徳感情論』のなかにおいて、野心をもって勤労に励むことは経済発展につながるメリットがあるので好ましいことであるが、一歩間違えば不正に訴えて競争に勝とうとすることが人によっては起こりうると警鐘を鳴らしたのである。ここに『道徳感情論』のもつ価値があると私は考えている。

富や地位を求める野心は、経済発展をもたらすメリットになることもあるが、他方で社会の秩序を乱すデメリットにもなるとスミスは考えたのである。これは競争に打ち勝つための野心が、道徳心に欠ける人の不正行為を呼び起こすことにつながって、公正な社会にならないというデメリットである。

では、どのような野心が認められて、どのような野心が認められないのだろうか、というのが次の関心事となる。これに関してスミスは、野心と競争の目標の達成には「徳への道」と「財産への道」の二つが存在するとして、前者は見えにくく、後者は見えやすいと考えた。したがって、賢者は見えにくい徳への道を選び、愚者は見えやすい財産への道を選ぶ傾向があるとした。

普通の人はどうかと言えば、両方の道が存在することをわかってはいるが、見えやすい富や地位という財産への道を世間が評価するので、多くの場合、財産への道を歩むことになるのである。やさしい言葉を用いれば、世間の多くの人は道徳の重要性は心の中ではわかっているが、実際には富や地位を求める道を選ぶのである。

前の章で述べた「博愛心」に注目すると、強者が弱者への配慮を強くしてさまざまな施し(現代に即して言えば、強力な所得再分配政策)が実行されれば、弱者の幸福度が高まることは確実なので、「博愛心」の意義があるし、現代では価値のある精神と考える。

以上が、スミスの『道徳感情論』と『国富論』の両者を考慮しながら、市場経済における勝者と敗者の幸・不幸をどう考えたらよいか、堂目卓生の考えを借用しながら私流の解釈を示した。

古典派経済学

経済学の始まりは、経済学の父と呼ばれるアダム・スミスにあるとされる。スミスが重要なのは、モノの生産をおこなうに際して、土地、労働、資本という生産要素の投入があって初めて生産が発生することを想定したことにある。スミスたち古典派の経済学時代においては土地が重要だったことを記憶しておきたい。工業の発展はあったが、農業がまだ重要な産業の時代であったことによる。産業革命以降はますます工業発展と農業の停滞によって土地への関心は低下し、それに替わって資本が重要な生産要素となる。

古典派経済学では、土地、労働、資本が今期間中にどれだけ増加(あるいは減少)すれば、生産量がどれだけ増加(あるいは減少)するだろうかという動学的な概念のことは頭の中で想定していたが、具体的にモデルを用いて分析することはなかった。すなわち動学の正の変化である成長という事象に関することを明示的に議論することはなかった。

むしろ静学として、今期における生産と生産要素の投入の間の関係に注目したのであった。たとえば、有名な経済学上の定理としては、古典派分配論として限界生産力説がデービッド・リカードなどによって主張された。これは生産要素の投入量を一単位増加させたとき、産出量がどれほど増加するかに注目したものである。肥沃な土地、有能な労働者、効率性の高い機械あるいは資本を用いたときに、産出量が増加することは自然なので、その見返りとして高い地代、高い賃金、高い利子率を受領できるのが経済原理となる。地代、賃金、利子に差が生じて人びとの間の所得分配に差が生じることを、経済学として明確にしたことに、古典派経済学の分配理論としての価値がある。

わかりやすく言えば、生産性の高い生産要素(土地、労働、資本)を持つ人ほど、高い所得(すなわち高い地代、高い賃金、高い利子)を得るし、低い人は低い所得に甘んじねばならない、ということになる。

定常状態

スミスやリカードは経済成長ということを頭の中では考えたが、それを経済学の議論として明確には示さなかった。とはいえ、生産要素(すなわち土地、労働、資本)が増加すれば産出量は増加する、という経済成長が発生することを漠然と考えていた。そして土地、労働、資本という生産要素は、際限なく増加するものと考えていた。したがって、経済成長も際限なく続くということを想定していたと理解してよい。

しかしこの想定に異議を唱えた経済学者が二人出てきた。それは、ともにイギリス人のトマス・ロバート・マルサスとジョン・スチュアート・ミルである。前者は人口論の立場から人口は幾何級数的に増加するが食料は算術級数的にしか増加しないので、人口過多と食糧不足の経済になると警告を発して、人口増加率の抑制などを主張したので有名である。すなわち人口は放置しておけば際限なく成長するものなので、成長への歯止めが必要であると考えたのである。

ここでは本書の内容と関係の深いミルの思想を考えてみたい。ミルは幼いときから英才教育を受けたことで有名であり、『ミル自伝』や『自由論』という思想的な古典を出版した。経済学としては『経済学原理』(一八四八年)が古典派最後の大著として名高い。当時の平等観を基礎においた空想的社会主義の影響を受けて、スミスなどが主張した自由主義的・市場主義的な経済運営や制度に対して懐疑的な見方をしており、ミルの思想は後のマルクス主義思想への架け橋となったので、古典派最後の経済学者という名称が付けられているのである。

これまでの古典派経済学では土地、労働、資本は際限なく成長すると想定していたのに対して、ミルは土地に関しては新しい開墾地を求めることが困難になっている時代に注目して、土地の成長には制約があると考えたのである。地球の土地面積に限度のあることから、経済発展を遂げつつある当時において、利用可能な土地に制約のあることを明示的に考慮せねばならないとしたミルの見方は貴重であった。

土地が増加しないのなら、農業や工業における生産の成長にも制約のかかることは自然なので、ミルは経済成長を続けることはできないと考えて、それを「定常状態」と命名したのであった。経済成長のない世界はゼロ成長率の世界にあると理解してよいので、ゼロ成長率は定常状態に属すると考えてよい。

主として土地の制約を問題にしてミルは「定常状態」を考えたが、後の時代になって石炭、石油、鉄鉱石、電力などの供給に制約のあることが明確となり、これらの制約が深刻になると経済成長を期待するのは困難ではないか、という思想が台頭することとなった。とくに一九七〇年代の石油危機をきっかけとし、その後の原子力発電所の事故などもあって、「定常状態」が人間社会にとって好ましいことではないか、という反省に基づき、ミルの思想が蘇ったのである。

同じころに、地球環境問題が深刻となり、経済成長をとことん続けると、二酸化炭素の排出やその他の環境破壊が人間生活を脅かすようになった。この問題から逃れるためには、経済成長をやめる必要があると主張されるようになり、このことは資源制約から生じる「定常状態」とは逆の因果関係から、「定常状態」を社会に勧める思想への発展につながった。これら二つはいわゆる資源・環境問題に配慮したことによる「定常状態」の経済へ、ということにつながるのであり、後に再び論じたい。

成長経済学への道

最後の古典派経済学者であるミルの後は、新古典派経済学の時代となり、フランスのレオン・ワルラスやイギリスのアルフレッド・マーシャルによる均衡理論が中心的な話題となる。これらにより、人びとや企業の自由な経済活動が最適な経済成果を生むということが証明されるようになった。これはイタリアの社会学者・経済学者であるパレートが説いた「パレート最適」に代表されるように、自由な競争社会がもっともふさわしい経済成果を生む、という定理につながったので、多くの国が市場主義に走ったのである。

しかし、この経済運営が必ずしも満足な成果を生まないことも明らかになった。一つは失業率の高どまり、二つめは労働者の賃金の低さと労働条件の悪化であった。これらへの対策として、ケインズ経済学の登場とマルクス経済学の発展、という二つの大きな経済学説が重宝されるようになったのである。本書の目的はこれらの二大学説を議論することにないので、経済成長に関することだけに言及する。

まずケインズ経済学であるが、ケインズ自身は経済成長のことをさほど論じることはなかったが、彼の弟子筋によるハロッド・ドーマー成長理論というのが有名であり、彼らの理論はポスト・ケインジアン経済成長理論として理解されている。よく知られているようにケインズ経済学は不況克服のための経済学であったが、この政策がうまく機能したことと、第二次世界大戦による破壊からの経済復興がうまく進行したことによって、戦後の欧米経済は未曽有の繁栄を極めた。このことは高い経済成長率をもたらしたことを意味するので、経済学者が経済成長の解明ということに関心を抱くようになったのは自然なことだった。

わかりやすく簡単に、ハロッド・ドーマー成長理論を記述しておこう。

経済成長率GはΔY／Yで示される。Yはマクロ経済における国民所得であり、ΔYはその増加分なので、ΔY／Yが国民所得の成長率（すなわち経済成長率）となる。

ケインズ経済学の基本式I＝S（Iは投資、Sは貯蓄）は、事後的に貯蓄は投資にまわることを意味する。両辺をYで割るとI／Y＝S／Yであり、左辺にΔY／ΔY＝1を掛けるとΔY／Y×I／ΔY＝S／Yとなる。

ここでI／ΔYとは、ΔYを生産するのに必要な資本の増加（すなわち投資）量を示す資本係数である。

資本係数をcで表現すると、ΔY×c＝S／Y＝sとなるので、ΔY／Y・c＝sという基本成長モデルが算出される。ここでsは貯蓄率である。すなわちG＝s／cである。

この基本式の意味するところは次の二点にある。

第一に、成長率(G)は貯蓄率(s)が増加すれば高くなる。日本の高度成長期(年率一〇%弱)には、日本人の貯蓄率が一五~二〇%の高い値にあった。しかし、現在では貯蓄率が二%前後にまで低下している。一~二%という低い経済成長率の時代にいる事実により、貯蓄率が経済成長率に及ぼす影響力の大きさがわかる。貯蓄量が大きいと、それが金融機関を通じて企業への貸出しや株購入の資金源にまわって、企業の設備投資量が増加するメカニズムにつながり、生産量が増加するからである。

第二に、資本係数(c)の値が大きいと成長率は低くなり、逆にそれが小さいと高くなる。後者は生産量の増加に必要な資本の増加(すなわち投資)が少なければ成長に寄与することを意味しており、直観論からすると投資コストが低いほど生産量が多くなると理解してよい。少ない投資量(機械の量)と大きい投資量で生産量が同じなら、前者のほうがより効率性の高い生産方式を意味する、と解釈してよい。

なお一言だけ述べておくと、フランスの経済学者・トマ・ピケティが二〇一四年に『21世紀の資本』を出版して、資本主義経済の宿命として所得格差、資産格差の拡大は避けられないと主張した。とくに高額所得者・高資産保有者がますます富裕化する理論を提唱した。これの出発点はハロッド・ドーマー成長理論であった。

次に、アメリカのロバート・ソローに代表される新古典派の成長論を紹介しておこう。新古典派は、資本（K）と労働（L）の投入によって生産がおこなわれる新古典派生産関数Fを考え、生産量は次式で与えられる。

$$Y=A\cdot F(K,\ L)$$

ここでAは技術水準を示す。これを数式展開すると次式が得られる。

$$\Delta Y/Y=\Delta A/A+\omega_L\cdot\Delta L/L+\omega_K\cdot\Delta K/K$$

経済成長率は技術進歩率（ΔA／A）、労働成長率（ΔL／L）、資本成長率（ΔK／K）の加重和となる。ここでω_Lとω_Kは労働と資本のコスト・シェアを示す。詳しい算出方法と、この式の経済的な意味は専門書に譲り、ここでは次のようなことを理解するだけで十分である。すなわち、経済成長率は、技術進歩率、労働成長率、資本成長率の合計で示される、ということである。

この式は現代の日本経済を評価するうえで有用な情報を提供している。

第一に、日本は出生率が大きく低下して人口減少（とくに働く世代の人口）の時代に入っているので、労働成長率は〇％以下の負の数字である。第二に、現役世代は貯蓄をして、引退世代は貯蓄を取り崩す（すなわち負の貯蓄率）のであるが、前者の減少と後者の増加という人口の年齢構成変化と、日本人が貯蓄しなくなったことにより、資本成長率も〇％あたりにいる。第三に、第一と第二の数字を合計すると、技術進歩率が大きな正の値をとらない限り、それらの合計である経済成長率は正にならず、負の可能性が高い。日本経済はこのままなら、負の成長率にならざるをえない宿命にいる。

後に脱成長のことを議論するが、このままであれば負の経済成長しか期待できない日本においては、脱成長は至極自然な帰結になると理解してよい。それに対して、成長戦略路線と称して高い正の成長率にする、という声は日本において強い。正の成長率をもたらすにはかなり無理なことをせねばならない、と後で述べるが、この段階では「日本経済の進路はこのままであれば負の成長率が予想できる」という命題が、新古典派経済成長論から成立する、ということを記憶しておいてほしい。

経済成長が、なぜ望まれるか

成長戦略が好ましいとする経済学者は多いが、なぜ経済成長が望まれるのだろうか。いろいろな理由、動機をここで考えてみよう。

第一に、人間には飽くなき貪欲な心があり、お金をできるだけ多く稼いで、消費を豊かにしたい、あわよくば豪華な生活をしたい、という希望がある。そのためには各人の所得を高くしなければならないが、経済学からは国家の総国民所得を高くすることがその可能性につながるので、総国民所得の成長(すなわち経済成長)をめざすことが目標となるのである。もとより高所得の人と低所得の人がいるので、大きな消費の欲望を満たすには、所得分配のなかでも高所得階級に入らねばならないが、ここでは所得分配のことは考慮せず、マクロ経済としての成長だけに関心をしぼる。マクロ経済で経済成長すれば、少なくとも平均的には人びとの所得は上がるのである。

これに関して、市場主義と分業の価値を主張して資本主義経済の基礎をつくったアダム・スミスは、人間の持つ欲望、野心、虚栄心、人に認められたいという希望は、物質的な条件が改善すること(すなわち経済的に豊かになること)によって満たされる、と考えた。経済的に豊かになること、すなわち経済成長の意義がここに主張されている。

第二に、世の中で失業者が存在することは好ましくない、という合意があるので、経済学者は必死になって失業削減のための理論と政策を考えてきた。そのための有効な策が、ケインズ経済学で代表されるように需要の増加であり、これは結局、経済成長率を高めることにつながる。すなわち景気対策として失業削減に成功すれば経済成長が達成できるので、経済成長自体が目標となりえたのである。

第三に、人びとの健康を保持し、病気を治すことは人類において重要な使命である。さらに、安全なものを食べて、衣・住生活も快適にしたいし、できるだけ楽で心地よい、しかも文化的に豊かな生活を送りたいという希望が人間にはある。このことは医学・薬学、理工学、農学上の技術進歩や、文学・芸術といった文明上の発展に期待するということにつながる。このことは、経済的な繁栄があってこそ満たされるものである。それにはこれらを購入できるほどの所得がなければならないということと、これらの分野を発展させる事業には資金が必要である、という両面がある。経済成長があれば、この両面を達成できる可能性の高まることは言うまでもない。

第四に、第三で述べたことを経済学は二つの側面から考えた。

まずは、オーストリアのヨーゼフ・シュンペーターが「創造的破壊」という名の下で、新しい生産品、新しい生産手段・販売方法、新しい原料、新しい組織、といったように、これまでとはまったく異なる新方式を導入することで、発展(あるいは成長)をもたらすと考えた。これはイノベーション(技術革新)とも呼ばれる。

もう一つは、新古典派成長論の下で、資本や労働の成長に制約があるのなら、技術進歩率(それはΔA／A)を高めることに最大の価値をおくしかないとした。そのためには人びとへの学校教育と職業訓練を充実させることによって、人びとの労働生産性を上げたり、新製品や新しい技術の開発を可能にすることで得られるとした。これは「内生的成長理論」と称される学説である。これら技術革新と技術進歩は成長への起爆剤となりうるので、技術と成長は両輪なのである。

第五に、世界はかなり古い時代から国民国家、すなわち一つ一つの国が存在する時代にある。国々が戦争に明け暮れてきたことは歴史の教える通りであるが、戦争になる一つの理由は経済の強い国と弱い国があって、強い国が弱い国を侵略することにある。

経済的に強い国は強い兵力を持つことが可能になるので、多くの国が経済を強くしようとする。あるいは経済大国(たとえばG5やG7のように)は、世界政治・経済において発言力が強大である。これらの権力は経済成長率を高くすることによって達成可能であるから、経済成長を目標とするのである。言わば、政治的・軍事的覇権《はけん》を得るために、国は経済成長を求めるのである。

ここで述べたことは、個人の経済的欲望を満たす動機とは一見無関係のように思えるが、国民は国の政策の影響を受けるのである。また、国家がもし経済成長を求めるのなら、それに国民が寄与するように個人の勤労をうながす。勤労によって国民の所得が増加すれば、その人の満足度が高まるメリットに加えて、政府の収入も増加するので国力の増強につながるし、公共サービスの質と量が強まるメリットもある。もとより、強力な国力や大きな政府をめざさない国も当然のことながら存在することも強調しておこう。

2　成長経済の弊害

「定常状態」の再現

市場にまかせておけば経済は基本的にうまく進む、と考えた古典派経済学が隆盛に達したころ、古典派経済学者の最後の大物、ジョン・スチュアート・ミルがやや異端の思想を提供したことはすでに述べた。

ミルの時代は農業が主要産業だったので土地の制約に大きな意味はあったが、その後、工業生産が飛躍的に増加すると、生産要素として資本と資源の役割が大きくなった。第二次大戦前にはそれほど資源の制約は意識されていなかったが、戦後の高度成長を経験すると、石炭、石油、鉄鉱石などの天然資源を消費しすぎて、いずれそれが枯渇するのではないかということが論じられるようになった。それを象徴的に示したのが、「成長の限界」を主張した一九七二年のローマ・クラブの報告であった。石油を代表にして天然資源の制約が深刻になると予想して、高い成長を続けることに対して警告を発したのである。

この警告はすぐに現実のものとなった。一九七三年に発生した中東戦争を契機にして石油価格が四倍ほど高騰して、一気に世界経済を大不況に落とし入れたのが記憶に生々しい「オイル・ショック」であった。必ずしも天然資源の枯渇ということではないが、資源問題は経済の運営に決定的な影響力を及ぼすということを認識させた重大な事件であった。

ローマ・クラブによる報告の影響力は大きく、天然資源を使用しすぎることが資源の枯渇をもたらして世界経済の破滅を生みかねない、と認識されるようになった。代替エネルギーの開発と推進が議論されたし、経済成長率を低下させて資源の節約に努めることも議論されるようになった。

前者の代替エネルギーに関しては、その一つとして原子力発電によるエネルギー開発をうながした。しかし、これが後の時代になって大事故という悲劇を生んだし、核燃料廃棄物の処理問題はまだ端緒すら見つかっておらず、原子力に頼っていいのかどうかは大論争中である。

後者の経済成長懐疑論とは、どこまでも高い生活水準を求めたいとする人間の限りない欲望への警鐘論と結びついて、質素な生き方をすることによって資源の節約に寄与しよう、という思想である。質素な経済生活、つつましやかな消費というのは、それを満たすための生産第一主義による生産拡大という経済成長を促進する策に対して、反旗を翻すものである。次に示すように、大量消費批判は脱成長論を主張する一つの有効な根拠となっている。

大量消費批判

消費を大々的におこなうということは、商品・サービスを大量に生産しなければならず、大量生産・大量消費という言葉で代表される。これが成長経済の源泉になることは、当然のことである。しかし、大量消費が資源のムダにつながるという批判に加えて、他にもさまざまな角度から批判の的となった。そのなかから代表的な論拠を二つ述べておこう。

第一は、アメリカのソースティン・ヴェブレンが主張したように、高所得で高消費に走る人は自分の派手な消費によって、他人に「見せびらかし」をしたいという。彼の代表作は『有閑階級の理論』である。自分が高所得・高消費という上級階層にいるという優越感を、大きくて豪華な家に住んで、家具や装飾品に凝るとか、衣食において派手で高価なものを楽しむとか、別荘を何軒も持つとか、高価な車を何台も持つとか、といったことを他人に見せびらかし、それを自分で確認してよろこぶのである。ヴェブレンはこういう状況を、ムダな消費として非難した。人びとの消費はこのようなぜいたくなものではなく、生きていくための、そこそこの消費で十分ではないか、というのが根幹にある。

ケインズ経済学が主張したように一定程度の家計消費は不況を克服するし、経済をある程度の水準で保持する役割があるので、みすぼらしい消費は決して推奨されないということを前提にしたうえで、他人への見せびらかしのためといった華美な消費はやめよう、という主張であると、まず理解したい。さらに、人間の本能からくる欲望として、できるだけ質の高い消費生活を望むことまで否定しないので、華美でムダな消費でない限り、消費の役割を評価しておきたい。

第二は、これもアメリカの経済学者ジョン・K・ガルブレイスが『ゆたかな社会』で明らかにしたように「依存効果」が消費にはあるとした。これはお金持ちによる「見せびらかしの消費」とは逆の発想で、まわりにいる人の優雅な消費(象徴的・比喩的には隣人の住居にある緑の芝生の美しさで示される)をうらやましく感じて、自分も高い消費に走ろうとすることを強調した。これは必要以上の消費を生むという、過剰消費・大量消費の原因になりうる。

ついでながらガルブレイスは、企業が自社商品の販売促進のために大々的な広告・宣伝活動をしていることを重視して、消費者がそれに踊らされて必要以上の消費にコミットする現状を嘆いたのである。企業間の競争が激しくなっているので、広告・宣伝を企業がおこなうことに非はないが、一見魅力のある商品が新聞やテレビで続々宣伝されると、消費者が深く考えずについつい購入する姿を描いたのである。

実は日本においても、企業の広告・宣伝活動が過大になりすぎて、貪欲になった日本人を必要以上に華美で派手な消費に駆り立てている、という指摘がある。それはたとえば広告評論家、天野祐吉からなされているもので、成長至上主義が限界を越えて日本にはびこっていることを嘆いたのである。過剰な広告・宣伝活動を批判する人は多くいたが、ここで天野を特別に挙げるのは、広告業の中にいる人からの内部告発(『成長から成熟へ』)めいた発言なので、意義深いからである。

ヴェブレン、ガルブレイス(カナダ生まれではあるが)というアメリカ人が、アメリカの過剰消費の現状を憂慮したことの意義がここにある。資本主義国のチャンピオンとして、競争至上主義による大量生産・大量消費のなかにいるアメリカならではの特色が、浮き彫りにされたのである。

なお近年よく議論されるグローバル化とは、アメリカ流の経営方式・資本主義経済の運営と理解されることが多いので、大量生産・大量消費は他の国にも波及しつつあると考えてよい。大量生産・大量消費への抵抗感は根強くあるし、それが資源の枯渇を生む恐れがある。このことが、将来世代の生活を確保するためにも、大量生産・大量消費を合理的な水準にまで落として、そこそこの経済活動でよいとする脱成長路線が主張される根拠の一つである。

環境問題の深刻さ

産業革命の時代において、工場からの噴煙や廃水などの流出が環境問題を引き起こしていたことは、すでに認識されていたが、人びとは、それよりもそこで働く労働者の過酷な労働条件に高い関心があった。それが労働者が資本家によって搾取されているとするマルクス主義の根拠になったことは、よく知られている。

しかし環境問題においても、新古典派の経済学者、たとえばアーサー・ピグーに代表されるように、環境を汚染する企業に対して外部不経済を補償するために、税金を課する方法が「ピグー税」としてすでに主張されていたことは強調されてよい。それは現代における「炭素税」の考え方の起源になっている。

第二次世界大戦後、高度経済成長の時代に入って生産が拡大し、企業における生産方式も大量の二酸化炭素や汚染水などを排出するようになって、環境問題が一気に深刻となった。廃棄物の大量出現、地球温暖化、空気のよごれ、水資源の悪質化、放射能汚染などさまざまな悪影響が社会に出現して、人間生活を苦しめるという環境問題を避けて通れない時代となった。当然のこととして、環境にやさしい生産方式を生み出すための技術開発の促進策、そしてその負担を誰がどのような方法でおこなうのか(たとえば炭素税や補助金の問題など)といったことは環境専門家に譲り、ここでは環境問題が脱経済成長戦略を生んだ契機と経済学者の発言について論じてみたい。

私がもっとも感銘を受けた理論の一つとして、東欧生まれでアメリカの大学に在籍したニコラス・ジョージェスク゠レーゲンによる「エントロピーの法則」がある。成長の経済学や生産の経済学は生産活動をどうおこなえばよいかということだけに特化しているが、エントロピーの法則では、熱力学の立場から、資源を使って生産をすれば、同じように必ず廃棄物が発生するという事実を無視してはいけない、とした。

廃棄物をどう処理したらよいか、そのための費用負担を誰がどのようにすべきか、ということも本来ならば技術者や経済学者が考えなければならない論点である。しかし人間の本性として、どうしても「つくる」ことだけに関心が集中して、「廃棄する、ないし捨てる」ということへの関心は薄くなる。

代表例として、原子力発電がある。原発は廃棄物(つまり核のゴミ)を生むが、世界ではその処理方法をどうするかについてはまったく進んでおらず、小泉純一郎元首相はこのことを問題にして、脱原発の主張をするようになったのである。

核のゴミを出さないようにするのなら、原子力発電をやめるということにつながるし、比較的低コストで発電できるとされる(この低コスト説には反対論もある)原発をやめれば、経済成長率は低下せざるをえない。なぜならば、もし高価な代替エネルギーを用いれば企業にとって高コストの負担となるので、生産量を削減しなければならないし、代替エネルギーを用いずにエネルギー投入量が減少すれば、生産量は削減せざるをえない。

ここで述べたことを逆の発想に基づいて再解釈すると、生産量を削減する(すなわちマイナス経済成長率)かゼロ成長率を容認すれば、原発による電力を利用しなくてよいことになるだろうし、生産量の低下は環境を悪化させる廃棄物の量を少なくする可能性というメリットを伴う。これすなわち脱成長路線への転換である。

最後に、イギリス生まれでアメリカの大学で経済学を教えたケネス・ボールディングの言葉を引用して、資源・環境問題が成長路線の是非と密接な関係のあることを示唆しておこう。「有限の世界の中で幾何級数的な経済成長が際限なく続くと信じる者は狂人か、もしくは経済学者である」という文言が後に述べるラトゥーシュ(二〇一三)のなかにある。数十年前のボールディングの言葉であるが、彼は必ずしも正統派・多数派の経済学者ではなかった。しかし資源・環境問題を考慮すれば経済成長率を高くすることは不可能であるとして、多数の経済学者が成長路線に夢中になっている姿に対して、皮肉な言葉を投げかけたのである。現代においては彼の言葉の正統性はかなり高まっているし、私を含めて支持者の数も増加している。

産業主義の衰退と金融資本主義の矛盾

一九七〇年代のオイル・ショックを契機にして、先進諸国はインフレーションと失業の併存という「スタグフレーション」の時代に入り、とくに製造業の衰退が顕著となった。発展途上国の工業化が進んだ影響もあり、先進国ではモノの生産に頼る工業(あるいは産業)の時代は終焉を迎えたとの認識と、ＩＴや金融などのサービス産業に頼らねばならない機運があった。二〇世紀の終盤になって一部の国、たとえばアメリカが代表的であるが、ＩＴ産業が隆盛をきわめ、金融工学の発展と金融緩和策の効果によって、金融業が資本主義の牽引車になる気配があった。日本を除いた先進国経済の復活が見られたが、サブプライム・ローン問題を発端として二〇〇八年にリーマン・ショックが発生し、先進国は再び一気に不況の時代に入った。

ダニエル・ベルが一九七三年（邦訳は一九七五年）に『脱工業社会の到来』を出版して、工業（産業）社会の終焉を予見し、その後に期待されたサービス業を基礎においた経済発展もリーマン・ショックで示されたように、金融資本主義の失敗によってうまくいかなかった。もう経済成長を望むのは少なくとも先進国では無理ではないか、という思想が二〇世紀の後半期に（とくに一九八〇年代あたりから）蔓延するようになった。これは中国、インド、ブラジル、ロシアなどの後になって高成長国になった諸国に先進国が背後に押し込まれるようになった影響もある。成長を望んでも無理だという思想は、脱成長路線を消極的ないし非意図的に選択していると言ってよい。

シューマッハの『スモール イズ ビューティフル』の出版は一九七三年（邦訳は一九八六年）であるが、これも脱成長路線の先がけである。いわば経済は成熟の段階に達したのであるから、成長は発展途上国にまかせて先進国は成熟国家として人間らしい生活を送ることに専念すればよい、ということになる。人間らしい生活とは何か、については後の章で詳しく論じる。

日本における弊害

日本が再び高度経済成長を追求する場合、どのような弊害が発生するのだろうか。資源・環境問題をはじめ、世界に共通のことはすでに述べたので、ここではどのような日本に特有な問題が起きるのかを考えてみよう。これらは本書ですでに述べた点が含まれているので、簡単に論じることにする。

第一に、経済が豊かになっても日本人の生活満足度(幸福度)が下降傾向にあることは、政府統計でも明らかなようによく知られている。すなわち、経済成長率は正であっても人びとの不幸度が高まっているので、日本人の幸福度を高めるために経済成長率を高くするという政策は矛盾をはらんでいる。このことを明確に示すには、日本人は何に幸福を感じているのかを知ってからのほうがより包括的に議論できるが(橘木二〇一三a)、ここでは経済成長率を高くすることは少なくとも日本人の幸福度を高めることにはつながらないということから、経済成長率は経済政策の最優先の目標とはならない、ということを述べたい。脱成長戦略というのが目標となりうる(橘木・広井二〇一三)。

第二に、経済成長率を高めるには、新古典派の成長論の解説で示した成長会計式で表現されるように、労働投入量が正の成長率を持つことが期待される。日本は少子高齢化の進行によって貯蓄率の低下現象が深刻で、経済成長に寄与するもう一つの生産要素である資本成長率は負の可能性が高い。そうすると負の資本成長率を償うためには、労働成長率がかなり高くないと、正の経済成長を得ることにならない。

しかし少子高齢化現象は労働人口の減少を意味する。少なくとも労働力ベースでは成長率は負になるので、資本も労働力も負の成長率であれば経済成長率は負にならざるをえない。この限りにおいては、少子高齢化の下にいる日本では正の経済成長率を望むことは困難なのである。

とはいえ、まだ期待がないわけではない。

まず、労働人口は減少しているが、労働投入量は(労働人口)×(一人あたりの労働時間)で決まるので、一人あたりの労働時間を増加すれば、労働成長率を正にすることは可能である。しかし、この労働時間の延長策は日本人にとって好ましいことではない。なぜならば、日本人は先進国のなかでは長時間労働であり、これ以上労働時間を長くすることは「働き過ぎの日本をますます長時間労働に駆り立てる」ことになるので、推奨される政策ではない。戦後の日本は労働時間を短縮することによって（図4-3参照）、ヨーロッパ並みのゆとりのある生活に転換できる位置にいる。これを時計の針を逆向きにする長時間労働に転じることは、非人間的なことである。

労働時間を長くすることよりも、むしろ期待できる政策は、一人あたりの労働生産性を高くすることにある。たとえ労働人口と労働時間による労働投入量の増加率が正でなくとも、一人ひとりの労働者の生産性が向上すれば、労働投入量の負の成長率を補うことは可能である。一人ひとりの労働者の生産性ないし資質を上げるのは、学校教育のさらなる向上によって労働者としての潜在能力を高めたり、技能訓練を徹底的におこなうことによって有能な働き手に育てることで可能である。一言で要約すれば、教育と訓練による人的資本の向上策である。

しかしこの政策が効力を発揮するようになるには長い期間が必要なので、短期的にはなかなか期待できない。短期的には労働時間を長くすることが唯一の頼れる政策であるが、すでに強調したように「働き過ぎの日本人」を再び生むことは好ましくない。そうすると、経済成長率を高くする目標自体に疑問符を付けざるをえない、ということになる。

第三に、たとえ経済成長率を高くすることに成功しても、その果実を享受できるのは競争の勝者や強者だけで、競争の敗者や弱者には恩恵が及ばないだろう、ということはどうしても避けられないのも事実である。経済成長率が正ということは、パイの増加があることを意味するが、その増加分の大半を前者が獲得し、後者にまわる分は少ない、ということである。換言すれば、格差社会日本において、格差がますます助長される可能性が高いのである。

これまでの章において、日本人の哲学・倫理観、あるいは経済における市場原理主義への親近感の高さから、格差の是正という政策目標への支持は弱いことを述べたので、パイの増加はますます格差を助長させることにつながりかねない。格差拡大を好ましくないとする立場からは、経済成長率を高くすること自体に意義はない、となる。とはいえ、もし日本人のメンタリティが変化して、格差の是正策を好ましいとして容認するのであれば、パイの増加分のうち敗者や弱者に向かう分が多くなるので、パイの増加を生む成長戦略を否定するのではなく、むしろ推奨できるとも言える。推奨できるようになるには、次に述べるラトゥーシュの主張に日本人が共鳴するかどうかにかかっている。

3　脱成長路線への政策

脱成長路線の倫理観

成長経済を求めると種々の問題が生じることとなり、人間社会の全体にとって、そして日本人にとっても好ましくない点をいくつか述べたが、これを要約すれば、資源・環境問題への悪影響、働き過ぎの日本人をますます過重労働に向かわせる、格差社会を助長させかねない、ということになる。成長率を低くして定常状態、あるいはゼロ成長率の経済にすれば、ここで列挙した問題が緩和されることは間違いないが、それですべてが解決できるものではなく、他の政策の併用が必要であることは言うまでもない。成長率を低くすることによって間接的な悪影響も発生するので、それを是正する政策も必要である。それらについては後に詳しく論じることにして、ここでは脱成長論を背後から支持する倫理的な思想に言及しておこう。

資源・環境の視点から定常経済が主張されたのと同時に、哲学・倫理的な側面からも成長経済が批判されるようになった。これを「脱成長経済」と命名して、経済中心主義、生産中心主義、消費中心主義で代表される経済のあり方に批判を重ねたのが、フランスやイタリアなどのラテン系経済学者である。たとえば、セルジュ・ラトゥーシュ（二〇一三）、アルノー・ベルトゥー、ルイギーノ・ブルーニなどである。アングロ・アメリカ諸国、そして日本によって代表される現代の経済成長賛美派に対して、ラテン諸国から脱成長派が登場しているのは、単に民族の違いから発生するものではなく、地政学的、地理学的、宗教的な側面もあるように思える。

もっとも二〇〇年弱前の脱成長派とみなしてよいマルサスとミルは、アングロ・サクソンの経済学者であったが……。

ここでは宗教の違いを述べておこう。すなわち、イギリス、北欧や中欧諸国はキリスト教のなかにあってもプロテスタントが主流なので、一般には勤労と倹約を尊重する教えを信じる人が多く、どうしても働いて経済を強くすることを重要だとする。一方、南欧やラテン諸国はカトリックが主流なので、働くことよりも人生を楽しむことへの志向が強いと思われる。

脱成長論を主張する人びとは、経済成長を優先すれば競争が激化することは避けられないとする。そして、勝者と敗者の区別がいっそう明確となって、勝者は経済的に豊かになるのである。少数の「幸せ」を感じる人はそれでよいかもしれないが、多数の敗者は経済的に貧困であるだけでなく、不安、嫉妬、羨望という心理状態になるので、「不幸」になる可能性が高い、よって少数の「幸せ」にいる人のために経済学を考えるのは倫理に反する、と主張しているのが脱成長論者ラトゥーシュである。

しかしラトゥーシュも、多数の「不幸」にいる人も「幸せ」になることのできるような「贈与の世界」が導入されるのなら、好ましいことだと述べている。贈与の世界とは、相互扶助、分かち合い、博愛(あるいは友愛)といった精神によって、勝者(富裕者)から敗者(貧困者)に対して手を差し伸べて、富の再分配が実行されるということなので、あながち成長経済も「悪」とは決められない。

とはいえ現実の世界で「贈与」が実行されるかといえば、いかなる国であれ、そのようなことは人間の利己主義性から考えると、必ずしもそうとは言えない。日本においても、強力な所得再分配政策を好まない人が多い、という事実を思い起こしてほしい。であるのなら、成長経済を求めずに、勝者、敗者をも生まないような生産至上主義に走らない脱成長のほうがマシである、という発想もありうる。むしろ成長しないことによって、今と同じように多くの人がそこそこの所得を稼いで、そこそこの消費生活に満足する経済を保持することが望ましいとラトゥーシュは考えるのである。このような経済思想は、経済至上主義から離れた世界を理想とする一つの哲学とみなしてよい。すなわち、この種の脱成長論は一つの経済倫理学、ないし経済哲学を示したものと理解すべきである。

経済倫理学の例を、いくつか示しておこう。

私の言葉を用いれば、人びと、とくに強者や高所得者のなかに、「博愛心」を持って実行する人が多ければ、ラトゥーシュの言う「贈与」の行動と結びつくことになる。しかし、日本人はこの精神が希薄化しつつあることは先に述べたので、結局ラトゥーシュと同じ結論になる。

また彼が自著（ラトゥーシュ二〇一三）のなかで引用しているように、アルノー・ベルトゥーは「お金に支配されている経済は考えられうる唯一の経済ではなく、真の人間的な経済を構築するものではない」とし、ルイギーノ・ブルーニは「自由に選択されたある種の貧しさ（不足の状態）（商品や権力からの自主的な離脱）なくして幸せは存在しないということをわたしは確信したのだ。この貧しさは神の祝福と結びつく痛みである」とする。前者はお金持ちになっても人間は幸せになれない、後者は貧しくとも簡素な生活ということで人間は幸せになれる、と主張していると解釈できる。

最後に、「脱学校論」として知られるイヴァン・イリイチは脱成長論の仲間に入れてよいと考えられるので、彼のことを少し述べておこう。

イリイチの思想は「逆生産性」という言葉で代表される。すなわち、新しい制度は初期の段階にあっては効果を発揮するが、一定の水準に達するとむしろ逆効果を生むようになる、というものである。教育を例にすれば、学校制度が成立した初期のころは、学びたい生徒の自主性と教えたい教師の気持ちがうまくかみ合って、学校教育はうまく機能する。ところが学校制度が成熟してくると、教える側が強くなって強引に教えようとして、生徒からすると、「教えられ、学ばされる」という関係になり、「自ら学ぶ」ということが消滅してしまう、とイリイチは憂いた。そうであるなら学校制度をやめて、内発的に自らが学ぶということが可能な制度にすべし、ということが「脱学校論」の骨子である。私自身は教育の世界における「脱学校論」を支持しないが、彼の発想には少しは共感するところがある。

「逆生産性」を経済成長と関係づけると次のようになる。経済成長を追求するさまざまなプロジェクトを推し進めると、これまで述べてきた資源や環境の問題が発生するため、逆効果が強くなって人びとはかえって生活がしにくくなる道に歩まざるをえなくなる、とイリイチは考えたのである。したがって経済成長を求めるよりも、脱成長路線を歩む策のほうがかえって人びとを「幸せ」にする、という結論が得られるのである。

教育・訓練の重視

脱成長路線を支持する私であっても、経済成長率をマイナスにせよ、とまでは主張しない。日本は皆が知るように少子高齢化のなかにいるので、労働力不足と家計消費の低下は避けられず、本来ならば経済成長率はマイナスになってしかるべきであるが、このままだと生活水準の低下を招くことを意味するので負の成長率は避けたほうが好ましく、せめてゼロ成長率（すなわち定常状態）まで上げるべきと考える。こう理解すれば、マイナス成長率をゼロ成長率に上げるという意味では、私の主張も成長路線、あるいは成長戦略の一つの姿である、と言えなくもない。なおGDP(国内総生産)で評価するのか、一人当たりのGDPで評価するのかによって、意味するところは異なるが、ここではGDP自身がゼロ成長率になることを想定する。したがって人口減少の日本においては、GDPがゼロ成長率であれば、一人当たりのGDPの成長率は正となるので、生活水準は確実に上昇することを明記しておきたい。

ゼロ成長率を確保するための鍵は、国民の労働者としての資質を高めることによって得られることにある。すなわち一人ひとりの労働生産性が高くなることは、資源・環境問題や働き過ぎの問題を悪化させず、むしろ好効果を生むこととなり、しかも生産量が増加するメリットがある。格差問題に関しても、ここで主張する教育によって低所得者の生産性がより上昇する期待が持て、弱者ないし低所得者の条件をよくするので好ましい。

一人ひとりの生産性を上げるには、学校教育と職業訓練の充実策がもっとも有効な策であることは、くり返して述べてきた。学校教育によって学力や学識を高めたり、解析能力や判断能力をみがくことが期待できる。さらに、職業訓練によって生産現場や販売現場において効率性の高い仕事ができるようになるので、労働生産性が高くなる可能性も高い。

学校教育に関しては次の三つの具体策がある。

第一に、できるだけ多くの人が上級の学校に進学できるようにする。第二に、低所得階層の家庭に育った子どもが、教育を受けるに際して不利にならないようにする。これは教育の機会均等を保障するのに役立つ。たとえば奨学金制度の充実策である。日本の奨学金制度は小さな政府であるアメリカよりも劣っているほどである。第三に、公立を中心とした学校教育現場の質を高めて、生徒・学生の学力や学問水準をできるだけ高くする。

もとよりできるだけ高い教育を受けるには、本人の能力、本人がどれだけ努力をするか、などに依存するので本人の資質は無視できない。しかしながら本人のコントロールできないことが理由になって希望する教育が受けられないことがあれば、それは機会の平等の原則に反する。すべての子どもに平等な機会が与えられるべき、という原則には社会での合意があると思われる。もっとも深刻に教育の機会均等を阻害する要因は、親の経済状況によって子どもが希望する学校に進学できないときである。このことは、とくに日本で深刻であった。教育費負担を家計に押しつけている日本なので、裕福な家計の子どもは望む教育を受けられる可能性が高いが、貧しい家計に育った子どもは学費の負担ができないとか、早く就職して親の経済支援をしたいという動機が働いて、希望するような教育を受けられない可能性が高い。

それを示す端的な資料を両親の年収別にみた、高校から大学・短大への進学率と就職率の差によって確認しておこう。第1章で示した図1-6は、それを示したものである。四年制大学への進学率をみると、年収二〇〇万円未満の家庭の高校生は三〇%にも満たないのに対して、年収四〇〇~六〇〇万円では五〇%前後に上昇し、一二〇〇万円超では六〇%を超える。一方、就職率を見ると、大学進学率とは逆に年収の低い家庭の高校生ほど就職率が高い。

複雑な事情のあることはすでに第1章で述べてきたが、本人の能力は無視できない。学習意欲に関しても、親が貧しいなら上の学校に進めないだろうと最初からあきらめて、勉強しなくなる子どももいるかもしれない。子どもが高い能力を持っているかどうかは、その後の育っていく環境のこともあるので軽々しく論じることはできない。

このように述べてくると、教育の機会均等の確保にはいろいろな条件がからんでいるので、そう簡単に結論づけられることではないが、少なくとも親の経済的な裕福度の差が大きいよりも小さいときのほうが、より多くの人が、教育の機会均等を得られることはほぼ確実なので、教育費の負担を家庭に委任している現状を打破する必要性は高い。それに対する有効な策は、くり返すが国家が教育費支出をもっと増加させることである。

国が教育費の支出を増加させることは、生徒・学生の学力を高める。もっともわかりやすい事例としては、塾や家庭教師による学校外教育の繁栄している日本において、それらの制度を利用できるのは高所得の家の子どもであるという現状をできるだけ改善して、学校での教育だけで子どもの学力を高くする方向に持っていくことを可能にしていく。大学進学率の高い中・高一貫校に入学するには、塾や家庭教師が必須であるという現状の打破につながる。

論者によっては、教育バウチャーを低所得家庭の子どもに支給して、塾や家庭教師の機会を与える、という案が主張されている。私の個人的好みは、教育はあくまで学校教育に頼るべきで、学校外教育に依存する現代の姿は歪《いびつ》な世界と考えるので、この説に賛成しない。

たとえば、一学級当たりの生徒・学生の数をもっと少なくして、できるだけ一人ひとりの生徒・学生にキメの細かい教育をするとか、優秀な先生をもっと多く採用して教え方をもっとよくする案もありうる。少人数教育とか優秀な先生の確保、といったことは費用の増加を必要とする。そのためには国家の教育費への支出策がどうしても期待されることとなる（橘木二〇一四a、b）。

最後に職業訓練について、一言述べておこう。人びとが有能な労働者になるには、技能の修得が必要であることは言を要しない。生産の現場、事務の仕事、販売の方法など、働き手がいかに効率的な作業をするかに関しては、ふさわしい技能を身につける必要がある。

これに関しては二つの方法がある。一つは学校や訓練機関において技能を習う方法であり、もう一つは仕事の現場で経験を積みながら自分で修得する方法である。前者がOff-JT(Off-Job Training)、後者をOJT(On-the-Job Training)である。今までの日本企業であれば、後者を重視して企業内での訓練を施してきたが、低成長時代を迎えて企業に余裕がなくなって後者の役割を低下させており、前者に頼らざるをえない方向にある。

前者に期待するには、学校教育において職業の遂行に役立つ技能教育をもっとおこなったりとか、公共の職業訓練機関において技能修得の場を与えるようにする必要がある(橘木二〇一四b)。それらを施すためには費用がかかることを認識せざるをえず、このことはすでに述べたことに相通じることで、国家の教育費支出の増加に期待がかかるのである。

賢明な読者であれば、ここで私の主張した学校教育の重視策は、すでに紹介したイリイチの「脱学校論」と矛盾するのではないか、という思いを持たれるかもしれない。

イリイチは学校が官僚的になって、教師という上から目線だけの押しつけの教育になることを好まなかったと理解しておこう。そこで生徒・学生からの発言や希望をもっと取り入れて、教師と生徒が共同で学力や技能を高めることのできるような教育現場にすることができれば、イリイチの心配は和らぐものと思える。換言すれば、生徒・学生の自主性を尊重できるような教育現場を作る工夫に期待したい。

4　格差と経済成長

経済成長論者の主張

アベノミクスをはじめ、経済成長を主たる経済政策の目標にすべし、と主張する成長論者は格差の問題を無視する傾向が強い。たとえば第二次安倍内閣の経済政策の骨太方針においても、格差是正の必要性については言及がない。暗黙に格差はあるかもしれないと認めてはいるが、格差を是正する策を用いれば経済効率性に悪影響が生じるので、経済成長への阻害要因とみなすからである。

その根拠としては、高い所得を稼いでいる有能でかつ生産効率性の高い人の報酬を抑制したり、高い税金を徴収したりすると、それらの人の勤労意欲を阻害するので経済運営にマイナスになるとしている。あるいは強い所得再分配政策を採用するということは、大きな政府を意味して公共支出や社会保障支出が増加することになり、これらがごくふつうの人びとの勤労意欲に対してマイナスの効果があるし、福祉にタダ乗りする人がどうしても出てくるので、不公平感が増す、とする。これらのことから経済効率を優先する経済成長論者は格差の存在を否定し、格差の是正に無関心なのである。

代表的には、アメリカのレーガン元大統領、イギリスのサッチャー元首相、日本の中曽根康弘、小泉純一郎などの首相経験者は、この論調を支持した。政権の経済政策においても格差是正策を採用していない。規制緩和策や競争促進策により経済効率性を高めて、経済成長率を高めようとしたのである。これら日、米、英の経済政策はある程度の成功を収めて、経済不況からの脱却に成功したが、その後すぐに経済格差が拡大したのも事実であり、格差と経済成長の関係は一筋縄ではいかないのである。

とはいえ、ごく最近になってやや奇妙な動きがある。経済効率の優先を主張してきた安倍首相が、同一労働・同一賃金の原則導入とか、最低賃金額のアップ策とか、格差是正につながる策を言い始めた。この主張が本気なのかどうかを見極める必要はあるが、少なくとも格差問題を意識していることは伝わってくる。

格差拡大は経済成長にマイナス効果

日本の経済成長に関しては、本章で述べたように日本人が少子化を選択したことによって低成長はやむをえず、もしそれを覆すために高成長戦略をとるならマイナスの副次効果が強すぎるので、脱成長戦略をとるべきというのが私の主張である。しかし、日本は格差の拡大が進行中であり、それをそのまま放置しておくと、成長論者の好む経済成長に対してもマイナス効果が発生することをここで論じておこう。

その論理は次のように要約される。格差の拡大は、富裕層と貧困層の属する人の数が増大し、中間層に属する人の減少を意味する。家計の消費性向と人数の多さということから、これら三者を特徴づけると次のようになる。

富裕層：消費性向は低く、これらの人数が増加しても、家計消費の増加量は小さい。

中間層：消費性向は中間の高さであるが、この層の人数が激減するので、家計消費の減少量は大きい。

低所得層：消費性向は高いが、家計あたりの消費額そのものが低いので、人数が増加しても消費の増加量は小さい。

格差拡大が経済成長に与える効果を考えると、いろいろなものがある。

第一に、格差拡大ということと家計消費の関係から、以上の三つの層を総合して評価すると、家計消費の総量が減少に向かわざるをえない、ということになる。家計消費の減少は需要の減少と同義なので、総需要の下降を意味することとなり、経済成長にとってマイナス効果になるのである。経済成長を促進する政策をとりながら、格差拡大を放置しておくと、家計消費への効果を通じてむしろ経済成長にとって好ましくない現象が生じるので、期待されるほど経済成長を達成できない。

もとより、経済成長は国民の平均的な家計所得を上げるプラスの効果があるので、格差の考慮によって生じるマイナス効果を打ち消すかもしれないが、私はマイナス効果のほうがプラスの効果よりも大きいと判断している。なぜなら、国民の平均的な家計所得の増大は、格差社会である限りにおいて、そのかなりの部分が富裕層に向かうからである。

第二に、もう一つ重要な要因がある。分厚い中間層は今後、減少する。さらにこの層の人びとは経済活動にもっとも貢献するが、本章で示したように国の教育費支出の少なさの影響を受けて、それらの層の子どもがより高い教育を受ける機会が減少する。そうすると、有能な労働者の減少を引き起こすので、次世代の経済成長にとってはマイナスの効果になるのである。このことは貧困層の子どもの教育についてもあてはまるので、有能な労働者の減少を生みかねない。

第三に、格差拡大は社会保障給付費の削減を伴うこととなので、低所得者ないし貧困層の可処分所得の減少を伴うことになる。これら所得層の消費性向は高いので、家計消費の総削減量が大きくなるかもしれない。つまりすでに述べた家計消費の減少効果を、低所得層や貧困層からも説明できる可能性が高い。

第四に、格差の拡大は、パートやアルバイト、派遣労働者の数が多くなることで出現しているが、これら非正規労働者の生産性や勤労意欲は、賃金が低いことも手伝って正規労働者のそれよりも少し低いかもしれない。これは労働者全体で評価した生産性と労働意欲を少し下降させるかもしれないので、経済成長率を低くする要因として作用する可能性が高い。

以上が格差の拡大が経済成長率に与える効果として、マイナス要因が働く可能性がある事項を述べたものである。

プラスの要因として働く場合も、あるかもしれない。それはたとえば富裕層にいる人の所得が上がるので、それらの人の生産性と勤労意欲が高まることが予想できて、経済成長率を高めるかもしれない。

しかし、この効果はさほど大きくなく、総体として評価すると、プラス効果よりもマイナス効果が大きいと判断されるので、格差の存在、あるいは拡大は経済成長に対してマイナス効果があるといえる。

経済成長は格差を縮小するか

　経済成長論者は格差問題を無視することが多いが、なかにはそれを気にして、経済成長率を高くすると格差を縮小することにつながるので、成長を求めることが大切である、と主張する論者がいる。その根拠は次のようにまとめられる。経済成長の牽引車は大企業なり生産性の高い企業である。この強い企業が成長すると、いずれ系列企業の中小企業や生産性の低い企業は強い大企業に部品や生産品を提供することによって、これらの企業も成長を始める、というメカニズムを信じるのである。大都市の大企業と地方の中小企業の間にも、このメカニズムを想定できる。大企業が潤えば不況で苦しんでいた中小企業もかなり潤うので、中小企業で働く人の賃金が上昇し、これが賃金・所得格差の縮小につながると想定するのである。

　これをトリクルダウン理論(雨の雫が下に落ちることを意味する)と称する。

　この理論の想定通り経済が動けば、経済成長は格差(大企業と中小企業の間、あるいは大都市と地方の間の差)を是正することにつながるが、実はこれと異なる理論もある。

　それはウィナー・テイク・オール理論(一人勝ちの理論)と呼ばれるもので、大都市の大企業が経済成長による利益の全部を持っていってしまうという判断である。換言すれば、地方の中小企業にまで大企業の享受した利益が浸透せず、結局潤うのは大都市の大企業のみなのである。

なぜそのようなことが発生するのかといえば、大企業と中小企業との間の力関係からすると、大企業が強いので、独占力や寡占力が働いて、中小企業にまで雫が落ちないのである。

例で示すと、景気がよくなると製品価格は上昇するが、中小企業が大企業に部品などの自社製品を納入するときの価格は大企業にたたかれて上昇しないことが多い。大企業が親企業であり、中小企業がその親企業の子会社という系列関係にあれば、この力関係はなおさら容易に理解できよう。

日本ではトリクルダウン理論とウィナー・テイク・オール理論のうち、どちらが現実にあてはまるのであろうか。

この両理論を厳密に実証した研究例はまだ存在しないが、私の推測を述べておこう。日本の景気循環の歴史を振り返ってみると、確かに景気上昇の兆し(あるいは経済成長の始まり)が大都市の大企業で始まるのは事実である。景気上昇がピークを迎えようとすると、その利益がいずれ地方の中小企業に及ぶと期待される。しかし、そうこうしているうちに景気循環論の宿命によって、景気下降の兆しが見え始めることとなり、大企業は引き締めをせねばならないとして中小企業に冷たくあたることとなる。地方の中小企業に利益が波及・伝搬しないか、したとしても途中で停止してしまうのである。そこで景気循環は下降の道に入る。

なぜこのような現象を主張するかといえば、戦後の日本経済の長期にわたっての景気循環を辿ると、大企業と中小企業の間、そして大都市と地方の間の格差は、いっこうに縮小に向かわなかった。景気の下降期にトリクルダウン理論は作用せず、結局すべての期間にわたってこのウィナー・テイク・オール理論が妥当し、経済成長は格差を縮小しないのである。

格差と経済成長の国際比較

ここで格差と経済成長の関係の国際比較をしておこう。

表3-1はアメリカ、ドイツ、スウェーデン、日本の四カ国について、格差(ジニ係数と貧困率という二つの指標で表現される)と経済成長率の比較を示したものである。また、その国の社会保障制度の規模を示して、所得再分配政策をどの程度保持しているかということと、財政収支の状況についても参考として示した。

この表でまず確認しておきたいことは、格差の大きさでみた国と貧困率の高さでみた国が、一対一で対応していることである。すなわち、その国の国民の格差ないし不平等の現状を示す指標としては、ジニ係数でもいいし、貧困率でもよいということを示している。格差の大きい国から小さい国への順序はアメリカ、日本、ドイツ、スウェーデンということになる。

表 3-1　格差と経済成長

	社会保障（社会的支出のGDP比）	経済成長率（2000〜06年平均）	格差（ジニ係数）	貧困率（相対的貧困率）	財政収支（2000〜06年平均）
アメリカ	15.9%	3.0%	0.381	17.1%	−2.8%
ドイツ	26.7%	1.2%	0.298	9.8%	−2.7%
スウェーデン	29.4%	2.6%	0.234	5.3%	1.4%
日本	18.6%	1.4%	0.321	15.3%	−6.7%

注 1：社会的支出の GDP 比は OECD（2009），*OECD Facebook 2009* のデータ.
注 2：経済成長率，財政支出は OECD（2010），*OECD Economic Outlook*, Volume 2009 Issue 2,2002-08 の平均値.
注 3：ジニ係数，相対的貧困率は OECD（2009），Society at a Glance 2009, 2000 年代中頃のデータ.
出所：神野（2012）.

もっとも関心のもたれる経済成長率との関係に注目すれば、経済成長率の高い順序として、アメリカ、スウェーデン、日本、ドイツとなる。アメリカは格差は大きく、しかも経済成長率も高いという国なので、格差が経済成長に与える効果はマイナスにはなっていない。これはアメリカという国のもっている特色によるところから想定通りで、高い所得を得ている人びとの勤労意欲や生産性が非常に高いことを示している。スウェーデンは、格差は小さく、しかも経済成長率は高いという国であり、格差の小さいことが経済成長率にプラスの効果を与える、という理想的な国の例となっている。

日本は、どう評価すればよいのだろうか。格差は大きく、しかも経済成長率も低いという国である。すなわち、大きな所得格差、ないし高い貧困率という日本

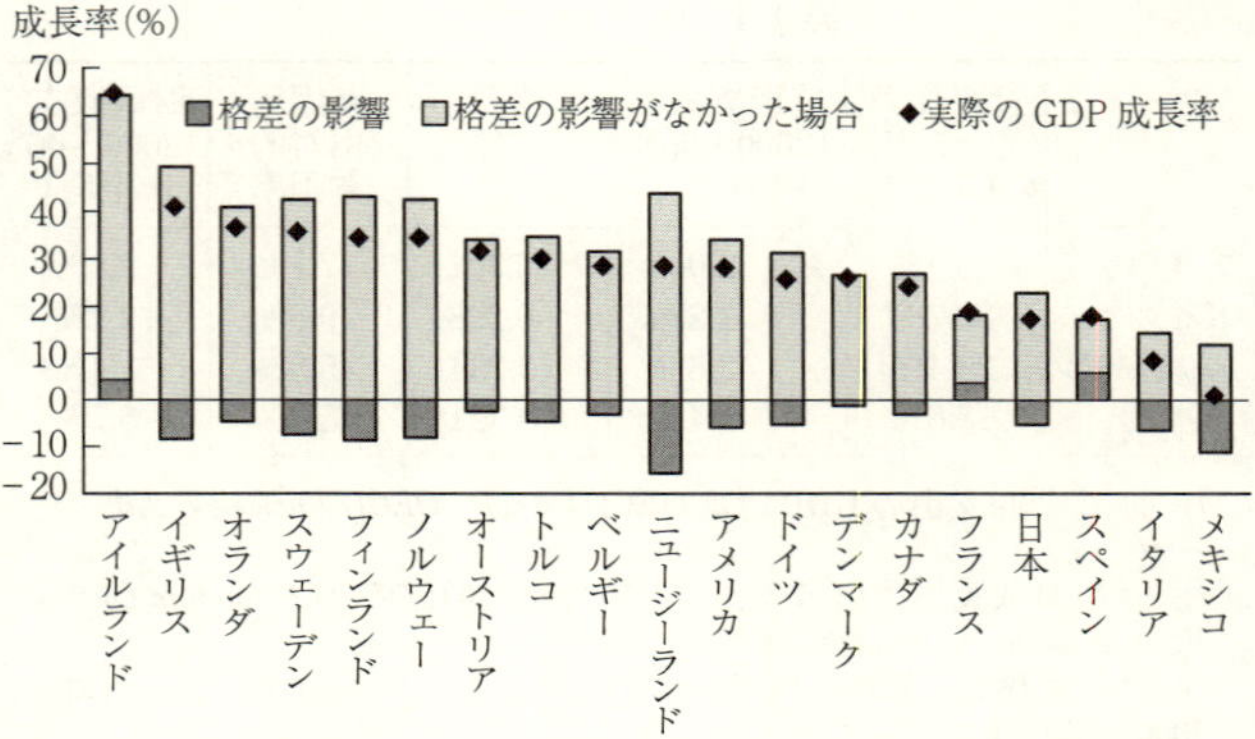

図 3-1　格差(1985〜2005 年)が，その後(1990〜2010 年)の累積的成長に与える影響(推計)

注：格差の変動が 1990〜2010 年の 25〜64 歳人口 1 人当たりの GDP 成長率にどのような影響を及ぼすかを推計したもの．「実際の GDP 成長率」は，実際の 1 人当たりの GDP 成長率．「格差の影響」は，OECD 各国の実際の格差変動(1985〜2005 年)および分析により推計された格差の成長に対する影響に基づき算出．「格差の影響がなかった場合」は，「実際の GDP 成長率」から「格差の影響」を引いた差で，格差の変動がなかった場合の成長率と解すべきものを示す．ドイツの実際の GDP 成長率は 1991 年以降．オーストリア，ベルギー，スペイン，アイルランドの場合，格差の変動は 1985〜2000 年．
出所：OECD(2014a)．

の格差社会は、日本の経済成長率を低くしているという解釈が当てはまる国である。これら国際比較から得られる政策的含意は、日本の成長戦略を企画・実行する際には、日本の格差社会を是正する手段を同時に講じないと、成長戦略は成功しない可能性が高いというものである。そうすると、私のいう脱成長戦略は格差社会を是正するかもしれない、という逆の政策的含意が得られることになる。

OECD(二〇一四a)が貴

重な包括的な国際比較の研究を提出したので、それを検討しておこう。図3-1は、それを示したものである。この図は過去(一九八五～二〇〇五年)の格差の存在が、その後(一九九〇～二〇一〇年)の経済成長率にどのような効果を与えたかを、計量経済学の手法を用いて推計したものである。

これによると、格差の存在が経済成長率を引き上げた国として、アイルランド、フランス、スペインの三カ国だけであったのに対して、逆に経済成長率を引き下げた国として、一九カ国うち、実に先に述べた三カ国を除いて一六カ国と多い。日本も、この一六カ国のなかに入っている。

先進国においては、格差の存在が経済成長率を下げた、という事実がほぼ確実に実証されたと結論づけられるのである。逆の発想をすれば、格差を縮小すれば高い経済成長率を生むことにつながる。日本もこの命題に当てはまることから、格差の縮小が経済成長率を高めることを期待できるのである。

第4章　心豊かで幸せな生活とは

1　食べるためには働くべきであるが、それがすべてではない

生きるために働く

働くことは食べるためにである、ということを理解するには、古代の人びとを想定すればもっともわかりやすい。農業を営むことを知らなかった大昔の人は、自然に生育している植物(食べられる植物のみ)を採集したり、地上にいる鳥類や哺乳類といった動物や、海、川、湖にいる魚介類を捕獲したりして、食料を求めたのである。生きるために食料は絶対に必要であり、それが植物や動物の採集だった。これらの採集作業も人間にとっては働くことであった。

人間には知恵があるので、自然に生育している植物を採集するだけではなく、それを自分で育てようとするようになる。それが農業という営みである。動物に関しても自然界で生きている動物を捕獲するだけではなく、自分で飼育しようとする知恵も生じる。これら農業による食料の生育や狩猟、あるいは牧畜業の営みには、各種の道具があれば便利であると気づくように

なり、工夫をこらして道具を作るようになる。さらに雨、風、寒さを避けるには衣服や住居を用いることが役に立つとわかり、これらを用意する作業も働くということになるのである。

ここで述べた、働くということは、基本は自分でほとんどをおこなうという自立経済であったが、時代が進むとともに手工業製品が出現するようになり、人びとは物々交換という方法を編み出すようになる。さらに貨幣が導入されるようになると、貨幣を媒介とする交換経済が定着するようになる。

その後、経済は発展して農業のみならず、製造業、金融業、運輸業、資源産業、サービス業など諸々の産業が隆盛することとなり、現代のように高度に進歩した経済の時代になったことは経済史の教えるところである。その経済の重要な特色は「分業」の定着であり、人びとは自分の得意なものを生産して販売し、必要なモノを他人から購入する「交換経済」となる。そこで貨幣が重要な役割を演じることは、言を要しない。

人間が働くということは、自分の得意なモノを生産するとか、サービスを生むとかして資金を獲得し、それを財源として自分に必要なモノとサービスを購入することを可能にする。自分が消費するモノやサービスは生きていくための必需品となることが多いので、働くということは生きていく(あるいは食べる)ためには絶対に必要なのである。

もとより人間には一生を通じて赤ちゃん、子ども、高齢者、あるいは病気中のように働くことのできない年齢や時期があったりする。また専業主婦のように直接に稼ぐための労働をしない人もいる。さらに資産を大量に保有していて利子、配当、地代などの所得が入るので、必ずしも働くことを必要としない人も少数ではあるが存在している。ただ、ここでの結論は、ごく一部の人を除いて、ほとんどの人は食べるためには働かざるをえない、ということである。

働くことは苦しいことだ

人は食べるために働かざるをえないのであれば、働くことは心身ともに苦痛を伴うので、できれば楽しみながら、あるいは心身の疲労感のない、さらに生きがいを感じるような仕事に就いて働きたいと願う。これらの希望は人間の働き方としてごく自然な思いであるが、世の中を見渡すとこれらを全部満たす職業や仕事は非常に少ないのである。これら三つのうち一つだけでも満たす仕事はあるだろうが、他の二つを犠牲にしなければならないことが多い。そうすると、働くということは全般的には苦痛を伴う、とみなしたほうがよいということになる。

世の中には無数の仕事が存在するが、それらをどのような基準で評価すればよいか、私の思いつくままに書いてみると次のようになろうか。

(一)報酬、(二)プレスティージ(威信)、(三)仕事遂行上のむずかしさ、(四)仕事を単独でおこなうのか、共同作業なのか、(五)居心地などの職場環境、(六)仕事を遂行した後の心身の疲労度、(七)職場や商売上の人間関係、(八)自分が楽しめるとか生きがいを感じることができるか、(九)社会への貢献度ないし他人に喜ばれるか、(一〇)仕事をやるうえで不正なことをしなければならないか。このように、多くの判断基準がある。

もとよりこれらの基準のうち何を重視するかは、それぞれの人の考え方によって異なる。また、仕事を遂行する人の能力や才能、そして努力の程度によって、ここで列挙した基準を現実に満たすことのできる人とそうでない人の差は生じる。わかりやすい例を挙げれば、高い報酬を得られるし、本人は楽しめるし、他人をも喜ばせる仕事として、プロ野球のホームラン・バッターや、芸能界のトップスターがあるが、それになれるのはほんの一握りの人にすぎない。世のほとんどの人はこのような仕事に就けないし、たとえこれらの基準への必要度の程度を低くしたとしても、大半の人は望みうる仕事に就けないと考えたほうがよく、これすなわち仕事は苦痛ということにつながるのである。

哲学の専門家は仕事をどう考えているのだろうか。人の望まない仕事を、哲学者が逆説的にわかりやすい言葉で語っているので、それを引用しておこう。

中島義道(二〇〇一)によると、(一)ただ金をもらうだけの仕事を望まない、(二)きつい仕事はいやだ、(三)危険な仕事はいやだ、(四)生存競争の激しい職場はいやだ、(五)社会的なステータスが低い仕事はいやだ、(六)給料の低い仕事はいやだ、(七)知性のかけらもない職場もいやだ、(八)下品な職場もいやだ、(九)顧客にペコペコする仕事もいやだ、(一〇)和気あいあいとした家庭的な雰囲気の職場もいやだ、(一一)ワンマン社長がふんぞり返っている職場もいやだ、である。

これだけイヤイヤな項目がよくあるな、と感心させられるが、賢明な読者は、これらは私がすでに挙げた基準のどれかに対応する、と気づかれるのではないだろうか。

これらイヤな仕事の項目を見るにつけ、この全部のイヤをクリアーする仕事や、私の挙げた基準をすべて満たす仕事など世の中にはほとんどない、というのが私の率直な印象・感想である。あえて言えば、最高裁判所の長官と内閣総理大臣だけではないかと思わせるほどである。とはいえ、最高裁判所の長官や首相になれる人は、ほんの数人にすぎないことなので、仕事のことを語るには、これらの人のことはほとんど参考にはならない。たとえ最高裁判所の長官や首相という皆が尊敬するかうらやむようなトップの職であっても、責任感の重さから精神的にはストレスが蓄積することがあるかもしれず、なりたくない人もいるかもしれない。世の中には理想の職はない、と言っていいかもしれない。

私と中島の説からすると、世の中には理想の仕事などなく、すべてが大なり小なり苦痛に満ちており、したがって働くということはつらいことだと理解したほうが正しく、人は食べるために働くのだと達観したほうが、後に述べるように気が楽になるのである。

「働くことに意義はない」

「人は食うために働くのだ」と達観すれば、「働くことに意義はない」という主張もありうる。実は働くことの意義を説く書物は、日本では花盛りである。多くの人が「働くことは苦しいこと」「働くのはイヤだ」などと感じていることを憂慮して、どうすれば働くことに意義を感じることができるかを説いて、できれば勤労に励んでほしいという希望がそこにある。そして日本人に特有な思想として、働くことの意義を考えることがまず大切であり、働くことによって人生が充実するのであるから、自ら働くことの意義を探せと説く。

もう一つ日本人に特有な思想として、杉村芳美(二〇〇九)が強調するように、「働くことは生きること」につながると考えることがある。働きがいこそが生きるために必要なことと考え、働くことの意義は自己の表現・実現を可能とするし、自己の成長と社会への貢献につながるので、最終的には生きる喜びを感じる域に達することになる。働くこと、即生きること、という発想が日本人のお気に入りの発想なのである。

私個人は、この発想にさほど共鳴しない。働くことに喜びを感じて、それが生きがいにつながる人はかなりの少数派に属すると思う。賢者が、どうすれば働くことに意義を感じることができるかを説いている最大の理由は、多数派の人びとが労働に意義を感じることができないで苦悩している現実をよく知っている。だからこそ、どうすれば意義を感じて生きられるかをあえて誇張し、いろいろ工夫しながら少々煽っているにすぎないと解釈している。

むしろ私にとっては、働くことに意義はない、人はそんなに働かなくてもよい、あるいは働くことは生きることに必ずしもつながることはない、という考え方に興味がある。なぜかと言えば次の二つの理由がある。

第一に、すでに述べたことであるが、本当は「働くことは苦しい」「働くことはイヤだ」「働くことに意義はない」と思っているのが多数派ではないかと思うので、皆がそう思う理由を探求することに価値がある。少数派のそう思わない人には、大いに働いてもらえればよいのである。

第二に、論ではその理由が何であるかがわかれば、それを打ち消すことができて、喜んで労働に励んだり、働くことに生きがいを感じる人が少しだけでも増加するかもしれない。そして、政策を編み出すための指針にもなりうる。

では働くことに意義はない、という思想にはどのようなものがあるのか、そのいくつかを述べておこう。

第一は、資本主義の欠陥を暴露したマルクス主義思想である。資本家・経営者の工場において、雇用された労働者がどのような状況にいるかに注目した結果として主張された。生活のために働くことによって賃金を受け取るのであるが、労働の実態は環境の悪い工場のなかでの単純作業であるし、肉体的にもきつい仕事がほとんどであった。なにか新しいものをつくるといった自己実現・自己表現を獲得できる作業ではなく、ただただ同じ肉体的動作をくり返す単純な作業であった。このような働き方からは、働くことの意義など感じることができないのである。しかも労働者は資本家・経営者の指揮・命令の下で何も考えずに働くにすぎず、自分の意思などを表現する場は非常に限られているので、満足感も乏しい。これを労働の「疎外感」と言ってよいだろう。日本であれば、約九〇年前にプロレタリア作家である小林多喜二の描いた『蟹工船』の世界である。

第二は、労働の疎外感から逃れることができるのは、後に社会主義者となるウィリアム・モリスやジョン・ラスキンといった芸術家・文筆家が述べたような、職人として自分で生活用品をつくるという作業に頼るとか、自分で小説などが書ける作家になる、という思想である。ブルーカラーは自分の技術で机、椅子、ベッド、家具、家、などを自分好みで作成すればよいし、ホワイトカラーは詩や小説を書いたり、あるいは知的な仕事に従事することによって、苦しい肉体的な単純作業を忘れることができると考えたのである。しかし、すべての労働者がこのような職人、あるいは芸術家や作家のような仕事に就くことは不可能で、むしろ少数の人にのみ可能なことと認識せざるをえない。

アーレントとメーダ

第三に、現代の視点からすると、ハンナ・アーレント(一九七三、九五)やドミニク・メーダ(二〇〇〇)の思想が重要である。

アーレントによると、「労働」(labor)は生命の維持のため、すなわち生きるためにおこなわれる行為(action)なので、必要に迫られていると理解してよい。すなわち人間が生きていくために する消費行動の糧(私のいう食べるためと同義)を得るための手段であり、通常は苦痛を伴うものである。一方「仕事」(work)は製作を伴う行為なので、人工的な世界を作り出すものと考えた。モリスやラスキンの主張を連想すればわかりやすい。そしてアーレントは前者の労働が、生命を維持するために消費財の購入だけを目的とすることにおこなわれるようになったので、現代は「労働者の社会」と言ってよいとする。

メーダはアーレントの考え方を発展させて、人間社会が生活・生命を維持するための労働のみに時間を奪われていることを嘆き、労働から自己実現を求めることは不可能で、労働以外の活動からそれを求めるのが自然であると主張した。しかも労働は資本家の要求する効率性の追求という論理で支配されてきたので、自己実現などという人間性を追求することは不可能であるとする、すなわち賃労働が企業組織のなかでの対価であり、企業が効率性の追求という資本主義の論理で動く限りにおいては、個人が自己実現や自己表現を求めるような余地はないと考えたのである。

ここであえて例外を一つ述べておこう。頑張って働いて有能な人であることを顕示した結果、内部昇進を果たすことができて経営者にまでなった人は、自己実現の一つを獲得したと解釈できないだろうか。若いころは確かにメーダや私の言うように労働は苦痛であり、生きていくための労働にすぎず、自己実現や自己表現の場所はなかったかもしれず、しかも資本家に搾取されていたかもしれない。しかし本人は「経営者になりたい」という希望を持ちながら非常に頑張って働いて、もし社長にまでなれたとしたら、自己実現をできた数少ない一人になるかもしれない。

しかしながら社長になれる人は、ほんの一握りの人にすぎない。取締役になれる人すら幸運な少数の人であり、部長、課長、係長どまりの人は大勢いるし、昇進せずに平社員のままで会社を去る人もかなりいる。このような人びとにとって、働くことによって自己実現や自己表現ができたと思える人が何%いるのか、多分少人数であろうと想像する。このような人は、多分メーダの言うように「働くことに意義はなかった」と回答することが多いであろう。

しかし、もう一つの留意事項がある。企業で労働者として働く人であれば、たとえ昇進せずに低い賃金でありながらも食べるために生活の糧を獲得していたことは確実である。そういう人が、もし自分の所得によって家族や子どもがなんとか安心して生活できて、楽しい人生を送っている姿を見て、大きな満足を得るのであれば、たとえ「働くことに意義はなかった」と感じたとしても、この人の人生は幸福だったと言える。すなわち、働くこと自体から意義を感じることはないが、食べていくための手段であるということに徹し、稼いだ所得の使い途を知ることによって、満足を得る人はかなりの数いるのではないだろうか。

ここで述べたことを別の観点から述べれば、働く内容や質から得られる意義（あるいは満足）

はないが、労働の対価として得られる賃金・所得から満足度は得られる、という考え方の人もいるということである。マルクス経済学に対比される非マルクス経済学(あるいは一昔前は近代経済学と称された)では、この考え方に近い立場をとる。すなわち、労働自体は苦痛であるが、労働から得られた賃金・所得を財源にして人は消費行動が可能になるのであり、人びとは消費することによって満足のある経済生活を得られる、と考えるのが近代経済学の発想である。

アーレントやメーダは、人間が消費生活に走るために働いている現状を批判したと述べたが、よく考えてみるとこれら二人は、近代経済学の基本的発想に関して半分賛成、半分反対したかったのではないかと想像できる。賛成とは、とにかく食べることができて生活を楽しめるからであり、反対とは、消費生活を豊かにすることだけが人間生活のほとんどを占めるようになっている現状を批判したかったのではないかと解釈できる。

アーレントやメーダの考え方を別の言葉で表現すると、働くことから得られる意義はほとんどないが、人間は生きるため(すなわち消費のため)に働かざるを得ないのである。しかし長時間働くことによって、たとえ所得が増加して多くの消費ができたとしても、消費から得られる満足は、そう大きく増加しないし、場合によってはむなしさを感じることさえある。長時間働く必要はない。むしろ長時間働かずに労働は短時間に抑制して、長くなった余暇時間で人間性の高い生活を送ったほうが好ましいのである、と主張しているように解釈できうる。さらに高額な消費は資源のムダ使いになる、と付け加えたい。

ここで、アーレントとメーダという二人の女性の人生と思想をもう少し詳しく述べておこう。これに関しては矢野久美子(二〇一四)を参考にした。

まずはハンナ・アーレント(一九〇六〜七五年)である。彼女はドイツのハノーヴァーに生まれた、ユダヤ人の政治哲学者である。幼少のころはそれほどユダヤ教にコミットしていなかったし、熱心な信者ではなかったが、成人になってからナチス・ドイツによるユダヤ人排斥の運動から逃れるため、パリに、そして一九四一年にアメリカに亡命したのである。

ドイツのマールブルク大学で哲学を学ぶが、そこで高名な哲学者、ハイデッガーに師事する。二人が一時期恋愛関係にあったことは有名であり、彼が既婚者だったので不倫関係とされることもある。なおハイデッガーはその後ナチ党に入党して、フライブルク大学の総長になって、ヒトラー政治の一翼を担う身分となったので、アーレントとは微妙な師弟関係になった。アーレントはマールブルク大学からハイデルベルク大学に移り、そこで博士号を取得した。ハイデルベルク大学ではもう一人の偉大な哲学者、ヤスパースから学ぶという好運にめぐまれた。

アーレントの代表作は『全体主義の起源』と『人間の条件』である。『人間の条件』における内容の一部は、先ほど人間の働き方を論じたときにすでに記述したので、ここでは『全体主義の起源』を簡単に紹介しておこう。この書は反ユダヤ主義、帝国主義、人種主義というサブ・タイトルがあり、それらを分析・議論したものである。ナチスのユダヤ人排斥運動、スターリンの独裁政治などを題材にして、それらの事象を歴史の視点から分析している。さらに全体主義は政治の貧困から発生したものであると主張して、このような全体主義を起こさないためには、政治がしっかり機能せねばならない、ということも主張したのである。

ナチ党の指導者でユダヤ人の大量殺戮の実行責任者であったアイヒマン裁判においては、アーレントが反ユダヤ主義を批判しながらも、アイヒマンを半分弁護するような論調を出したので、意外感があったのであろうか、大きな注目を浴びて大論争となったのである。ユダヤ人富裕者の一部がナチスに密通していたこと、アイヒマンは凡庸な官僚としてヒトラーの命令に従ったにすぎないということを根拠にして、ナチス批判一辺倒のアイヒマン裁判に一石を投じたので、アーレントはユダヤ人から攻撃されたのであった。ごく一部にアーレントを擁護する人もいたが、大勢はアーレントに批判的だったのである。

もう一人のドミニク・メーダ（一九六二〜）はフランス人で、フランスきっての名門校であるエコール・ノルマル・シュペリウール（高等師範学校）とENA（国立行政学院）の二つを卒業している才媛である。前者は学者・教員を養成するエリート校であり、後者は高級官僚を養成するエリート校である(なおこれらの学校を含めてフランスの高等教育については橘木著『フランス産エリートはなぜ凄いのか』(中公新書ラクレ、二〇一五)で詳しく紹介している)。

この二つの学校を卒業した人の数は少ない。なぜなら前者は学究肌の人や教育に従事する人を生み、後者はエリート官僚、そして指導的な政治家(たとえばオランド大統領)を多く生んでいる学校なので、性格がかなり異なる。しかしメーダの場合には、それがうまく融合されている。社会学、経済学、政治学の学識は豊富で自分の主張を明確に持ったうえで、政府の要職にあってその主張を実践に移す立場にいる。どのような主張かといえば、すでに強調したように人生は働くばかりではなく、したがって経済の富裕さはほどほどにしておいて、余暇を楽しむことに注力して心豊かな人生を送るようにするのがよい、というものである。

二人は経済学が優位にある現代の社会に対して批判的であり、政治学がより重要な学問であると述べている点でも共通している。経済学の専攻者である私にとって苦しいことではある。とはいえ、この二人の女性の思想に大きな影響を受けたし、共鳴するところが大である。

アンドレ・ゴルツ(一九九七)は、この考え方をもっと発展させている、すなわち、労働時間の短縮が達成されると、まず労働第一・生産第一の社会から逸脱できるので好ましいとする。

そして長くなった余暇時間をうまく使えば、創造性や美意識が高まるし、「遊びの文化」も高まるので、「文化社会」という望ましい社会に移行できると主張している。はたして「文化社会」がすべての人にとって好ましいことであるか、あるいは「遊びの文化」が真に人間にとって望ましいことであるのか、人によって意見はわかれよう。いずれにせよ、余暇の重視は私の主張でもある。

2 家族

家族と日本人

働くことに意義を感じることができず、むしろ苦痛を感じるし、自己実現などという崇高なことを成就することが容易でないことがわかったので、働くことはほどほどにして別のことに一生懸命になったほうが好ましい、という選択肢もありうる。

「幸せ」を求めるためにも、働くこと以外のことを追求する必要がある。その第一候補は、家族と楽しい生活を送ることにある、と述べたい。

ここで「家族とは」を簡単に定義しておこう。もっともわかりやすいのは、夫婦とその間に生まれた子ども、そして親といった血縁で結ばれた関係である。なお夫婦は血縁ではなく、契約上の家族である。さらに、養子などの制度があるように、必ずしも血縁によらない家族もいる。

経済学からみると、家計をともにするというのも、家族の定義として成立する。

なぜ家族との楽しい生活がもっとも望ましいのかを議論する前に、どのようなことに幸福感や生活の充実感を持っているかに注目して、家族の役割を理解しておこう。

まずは日本人が家族、仕事、余暇、教育、友人、社会奉仕などをどのように評価しているのか、具体的にはこれらのことをしているときに感じる生活充実度（広い意味では「幸福」と解してよい）を見てみよう。図4-1は過去三〇年間にわたって、日本人が感じる生活における充実度の変遷を示したものである。

この図で印象的なのは、長期間にわたって日本人がもっとも充実感を感じているのは、家族団らんの時だということである。すなわち、家族といっしょにいる時にもっとも充実感があり、日本人にとって家族がいかに重要なものであるかを明確に示している。家族に愛情を強く感じているし、家族のメンバーに何か不幸なことが起きないことを願っているし、もしメンバーにトラブルが発生すれば、お互いに助け合うというケア（世話）に努める、と解釈できる。

興味のある事実は、仕事にうちこんでいる時が、ごく最近においては休養、友人・知人、趣味などより低い充実感しかないことにある。時期を遡れば、一昔前では仕事からの充実感は第二位か第三位だったのが、今では第五位にまで転落しているので、仕事から得られる充実感は低下してきたのである。本章の前の節で、日本人が働くことに意義を感じなくなってきたことを述べたが、それを統計的に支持していると言ってよい。

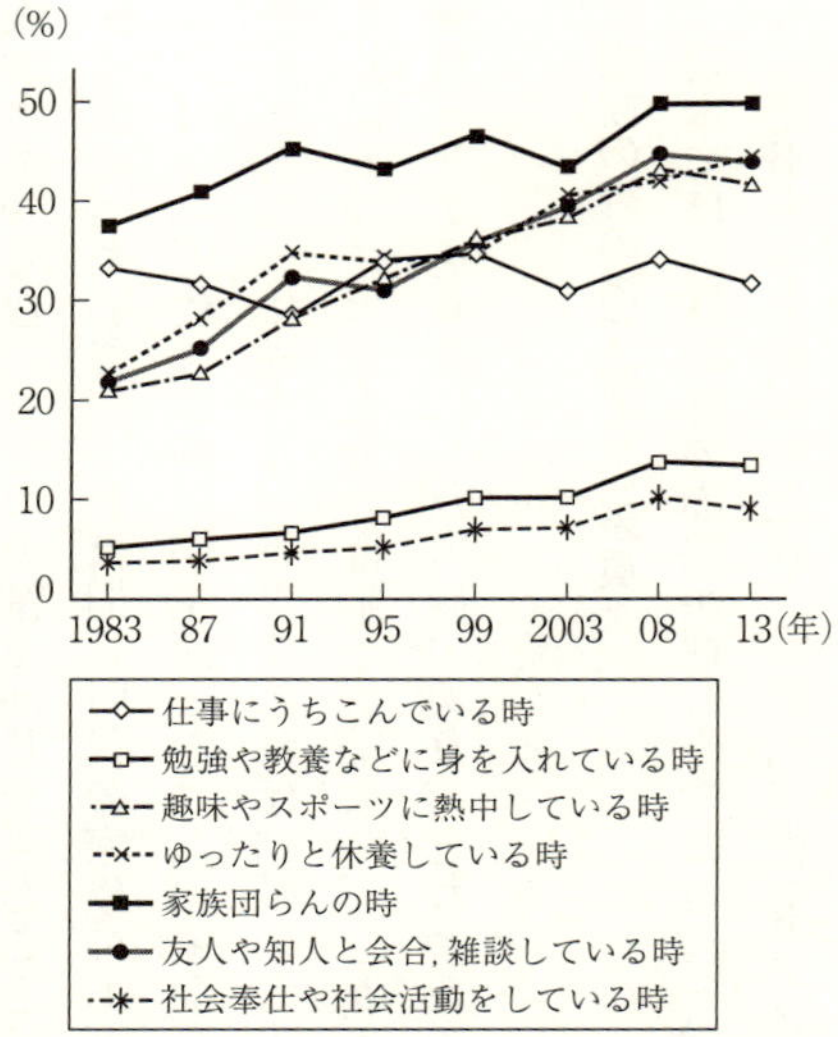

図4-1　生活のなかで充実感を感じる時
出所：内閣府「国民生活に関する世論調査」より著者作成.

これは次節で詳述することであるが、ここ三〇年間にわたって上昇したのは休養、知人・友人といるとき、そして趣味やスポーツであり、仕事からの充実度とは好対照の動きであることに注目しておこう。

家族のことに戻ると、日本人が家族との生活にもっとも充実感を感じてきたことは、日本社会において家族がとてつもなく大きな役割を演じてきたことの裏返しである、戦前においては「家父長制」が主流だったので、いわば旧い時代の家族のあり方が支配的であったが、戦後になるとそれとは異なる「近代家族制」が主流となった。家父長制であれば、夫の家長が家をとりしきり、妻や子どもは夫に従うし、長男であれば結婚後も夫の親との同居が一般的であった。しかし近代家族にあっては夫と妻の権限差が縮まり、しかも核家族に移っていったので、父母・子どもの愛情とケアを基礎にした家族のあり方となったのである。

家族の絆の崩壊説との矛盾?

日本では家族の絆の崩壊が進行中である、と学界のみならず、マスコミなどでも言われている。離婚率と未婚率の上昇、家庭内暴力(ドメスティック・バイオレンス)、貧困に苦しむ家族(とくに単身高齢の女性と母子家庭)、ケアを誰からも受けられずに孤独のなかにいる高齢者、子育てをしない親、などが連日のように話題となっている(たとえば橘木・木村(二〇〇八)、橘木(二〇一一)、山田(二〇〇五、二〇一四)などを参照)。

このように家族の絆の崩壊が日本人のなかで大きく話題となっているなら、図4-1で示したように家族といっしょにいることに最高の充実度を感じているという事実は、一見矛盾と映るのではないだろうか。

これはまったくの矛盾ではないことを述べておこう。家族の崩壊が進んでいることは確実であるが、次の二つの特色がある。第一に、家族形態がここで述べたような不安定な状態になく、まだ安定した形態を持ちながらかつ家族の絆を保っている家族の数は、まだ多数派である。第二に、結婚の不安定さ、すなわち離婚率の高まっていることは事実であるが、結婚する人のうち離婚を経験する人は増加中とはいえ、まだ少数派である。もっとも三分の一は多い比率とみなす人もいるであろう。第三に、ドメスティック・バイオレンス、あるいは高齢者の孤独死、子どもを養育しないなどはまだごく少数であるが、センセーショナルに取り上げられることもあるし、国民の関心も高い。もっともこれらの事象は、表沙汰にならないことが結構あるということも忘れてはならない。これらをまとめれば、サイレント・マジョリティ（静かな多数派）はまだ家族の絆を保っているので、家族といっしょにいるときの充実度の高さとは矛盾していないのである。

しかし次の二点の留保が必要である。

第一に、家族の実態をよく調べると、個人主義の浸透によることと、ケアを面倒なことと判断する人、あるいは労働に時間を奪われて世話をする時間のとれない人の数が増加している。

家族のメンバー間の絆は徐々にではあるが弱まっていることは確実なので、図4-1で示した家族でいっしょにいることの充実度は、今後少し減少する可能性がある。

第二に、生涯未婚率(すなわち一度も結婚しないで単身を続ける人の比率)は将来には一五〜二〇%に達すると予測されている(橘木二〇一一)。こういう人は家族を形成せず、家族といっしょにいるということはない。すなわち家族のいない人の増加が予想できるので、家族といっしょにいることに充実感を感じる人の比率は今後かなり大幅に下がるであろうことを予想できる。

家族といっしょにいる時間

家族をつくるということは、一組の男女が結婚なり同棲(現代のヨーロッパでは結婚せずに子どもを産むことが多いので、ここではそれを同棲と称する)を通じて生活をともにする、ということが起点である。その出発点は一組の男女が恋愛感情を成就させることにある。とくに欧米ではこの恋愛感情を重視してきた。欧米以外にあっては恋愛感情を無視はしないが、他の要因もあった。たとえば子孫を残すためとか、家業を継ぐ人をつくるために男女が結びつくとか、分業(夫は働き、妻は家事と子育て)という形で妻は働かずに家庭を守るということもあった。もっとも妻は家事・育児で身体を動かすという意味では働いていたが、無償の労働というのが、ここでの特色である。

そして、結婚ないし同棲の男女と子どもという二世代の家族形態、旧い時代の日本であればこれに親の親が加わった三世代の家族形態があった。

今日、国によっては同性どうしが結婚して家族をつくったり、シングルペアレントによる家族や、実子ではなく養子で家族を形成することも少数ながら見られる。

しかし、ここではこれらの新しい家族の動向ではなく、愛情を抱きながらお互いをケアし合う姿に注目する。そしてそれこそが家族の「raison d'être（存在意義）」であることを強調したい。すなわち夫婦や親子という愛情を抱く人といっしょにいることは人間にとってとても心地良いことであるし、家族のメンバーに何かトラブルがあると、それを助け合ったり励まし合ったりする間柄にいるので、精神的な安心感が漂うのである。もう一つ重要な点は、家族のメンバーによいことがあったとき、素直にそのことを喜び合えるのは家族なのである。他人であれば、それが嫉妬になりかねない。これらが男女間という愛情による本能と、親子間という血縁関係から発生する本能に依存していることは間違いない。

ここで述べたことを立証する統計を示しておこう。

図4-2は日本人が結婚に何を求めているか、を示したものである。この図からわかることは、日本人では「精神的安らぎの場が得られる」「子どもや家族をもてる」「親や周囲の期待に応えられる」「愛情を感じている人と暮らせる」の四項目が高い比率となっている。とくに高いのは「精神的な安らぎの場が得られる」と「子どもや家族をもてる」の二つであり、図4-1の結果を支持している。すでに述べた家族の特色なり役割を裏づけているとみなせる。愛情を感じている人といっしょにいれば心の安まる生活が送れるのであり、図4-1で示した家族といっしょにいることに充実感がある、という説明になりうるのである。

家族といっしょにいることの楽しさにも、いろいろな姿がある。たとえば豪邸に住みたいのか、車や家具、衣服などにこだわるのか、家族旅行を頻繁におこなうのか、子どもの教育にお金を使うのか、など家庭の暮らし方にはいろいろある。私自身の個人的な好みは、贅沢な消費生活を避けることにある。その根拠は、他人に華美な生活を見せびらかすことの無意味さはヴェブレン(一九九八)の指摘を待つまでもないし、贅沢な消費は世界の天然資源には制約があることを無視することにつながる。

しかし私は貧しい生活をおくれ、とまでは決して主張しない。貧しい経済生活は人間を卑屈にするおそれがあるし、緊張感を与えて精神上もよくない。安心感のある生活というのは人び

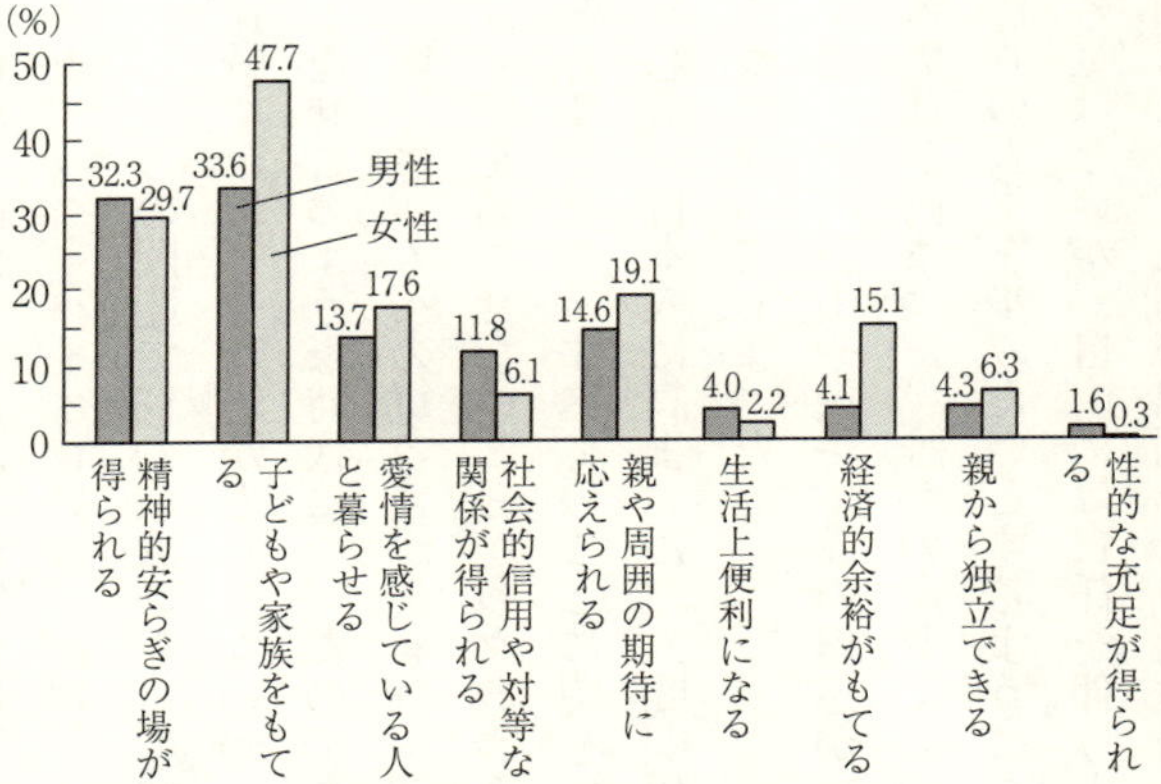

図 4-2　日本人が結婚することの利点として何をあげているか(2010 年)

注：18〜34 歳未婚者のうち何% の人が，各項目を主要な結婚の利点(2 つまで選択)として考えているかを示す.

出所：国立社会保障・人口問題研究所「平成 22 年　第 14 回出生動向基本調査」より作成.

とに心の余裕を与えるし、家族の間ではお互いの信頼感にも寄与する。

決して贅沢な経済生活を推奨するものではないが、ある程度の余裕のある経済生活は精神的な安定上、好ましいと考えるので、貧しい人の数がゼロになるような日本にしたいものである。どうすればそれを達成できるかは、前の章ですでに述べた。ここでは、そこそこの経済生活の確保が、家族がいっしょにいることによる楽しさと安心感という充実感の醸成に必須であることを強調しておこう。

家族にトラブルが起きたとき

これまでは家族関係がうまく進んでい

る状況を前提にしたが、現実の世界では家族にさまざまなことが発生している。たとえばドメスティック・バイオレンス、離婚、子育ての放棄(虐待)、孤独死、など枚挙にいとまがない。

これらの問題で悩む家族の数はすでに強調したようにいまは問題を抱えていない家族の数と比較すれば、少ないかもしれないが、発生したときのコトの深刻さは否定できない。

なぜこのような時代になったのであろうか。いろいろな理由が考えられる。

第一に、人への寛容さが失われ、個人の忍耐心がやや希薄になってきた。貧乏な時代であれば欲望を満たせないことが多々あったので忍耐心は培われたが、豊かになれば欲を満たせることも多くなり、すべてのことに関して希望すればそれを得ることができるのではないか、という心情が日本人に高まった。人間関係のあり方においても他人に寛容でなくなったか、やさしくなくなってしまった。

第二に、自由や民主主義の思想が日本でも定着したことにより、自由な思想と行動を肯定する機運が高まった。誰かの命令に従ったり、束縛を受けることを嫌うようになり、自分の思う通りの人生を歩みたいとするようになった。これを自己中心主義の増長として一方的に非難する気はないが、自由には責任を伴うという意識がやや弱まった。

第三に、人間が協調心なり助け合いの精神を持つ一つの理由は、宗教の教えによることがあった。しかし日本では宗教に帰依する人びとの比率がかなり低くなり、宗教の教えから乖離する人びとの数が増加した（橘木二〇一三d）。

なお、家族の絆の弱まってきたことに危惧を感じる人びとの一部、すなわち自民党の議員の一部は、日本において憲法の条文に家族のことを新しく加えて「家族はお互いに助け合おう」といった内容の機運を高めようとする動きがある。しかし人の心情の変化を法律や条例で抑制する試みは独裁国家や専制国家だけにできることで、自由主義と民主主義の日本にはふさわしくない。むしろ家族の絆が弱まったことによる弊害を社会全体で補うという政策のほうが大切であると考える。具体的にどのような政策が考えられるかに関しては別な本に譲るが（橘木二〇〇〇ほか）、一言で言うと、社会保障政策の充実ということになる。

ここで重要なことを付記しておこう。

福祉制度の充実を主張はするが、とくに家族の絆の低下によって生じた種々の問題、たとえば貧困に代表される問題に関しては、そういう人びとを生活保護制度において甘い審査でしかも無制限の額で支援するということはあってはならない。なぜならば第三者から見るとモラルハザードを伴っていることがあるかもしれないし、支援要請に至った現象の理由のなかにその人の身勝手な行動から発生していることがあるかもしれない。まったく働く意思のない健康な人には生活保護制度ではなく、なぜ働くことが大切であるかを教えたり、仕事が見つかるように職業紹介や職業訓練を徹底的におこなうことが必要である。

一つの議論になる話題を示しておこう。貧困に苦しむ人に母子家庭が多いが、母子家庭になる大きな理由の一つが離婚である。離婚に至る理由にはさまざまであり、そのため一概には決めつけられないが、本人の意志にもとづいて起きることもある。こういう場合は、自分で働いて生活苦を和らげるべきであろう。ただし、まわりが仕事を見つけることを助けたり、職業訓練ができるようにサポートすることは必要である。

さらに、すべての働きたい人(母子家庭の母親も含めて)に対して仕事がある社会にせねばならない。そして働く職場を見つけられるようにして、賃金も食べていけるだけの所得があるように、最低賃金の大幅アップを図らねばならないことを付言しておこう。さらに母子家庭の母親が十分に働けるように、子育て支援策の充実も必須の条件となる。

日本人の労働時間

3 自由な時間

近代経済学では働くことは苦痛とみなし、働く時間以外の自由な時間を余暇《よか》とみなし、余暇からは効用（すなわち満足）が得られると判断したので、余暇は人間の生活にとって貴重な楽しみな時間なのである。もっとも近代経済学においても、働くことによって得た所得を消費に用いれば効用（すなわち満足）が得られるので、所得が高くて、たくさん消費するのを否定することはなかった。そこで近代経済学は、余暇と労働の最適な組み合わせを分析することとなった。

この理論的解析は経済学の教科書に譲り、ここでは余暇の意義を哲学と生活の側面から議論してみたい。その前に日本人がどれだけの時間を労働にコミットし、残された余暇の時間がどれだけなのか、日本での変遷と他の先進国との比較で見ていこう。

図4-3は、過去五五年間ほどの日本の労働時間の変遷と、他の先進国との比較を示したものである。この図でわかることの第一は、日本は現代ではアメリカとともに長い労働時間の国ということにある。働き過ぎの日本人、というイメージは国内外で強いが、それが端的にわかる。一方でドイツやフランスの労働時間は日米よりも年間にして四〇〇時間前後も短く、余暇の重視が目立つ。フランスでは夏にはほとんどの人が数週間のバカンスをとるし、ドイツでは週四日の労働日数の企業も出現しているほどであり、ドイツやフランスの人は労働以外のことに時間を使っているのである。

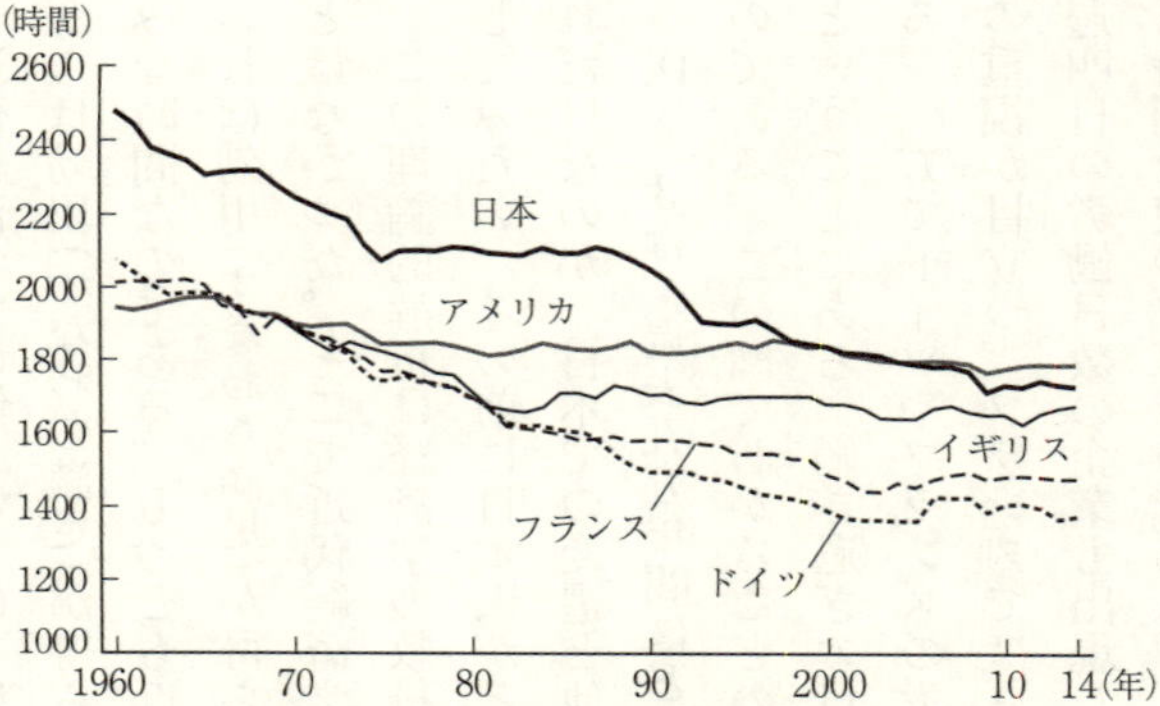

図 4-3　年間労働時間の国際比較(産業計, 雇用者)

注 1：日本の 1960-69 年は事務所規模 30 人以上製造業, 1970-89 年は事業所規模 30 人以上産業計, いずれも厚生労働省「毎月勤労統計調査」. 1990 年以降は "OECD. Stat".

注 2：ドイツの 1990 年までの数字は, 旧西ドイツ.

注 3："OECD. Stat", 厚生労働省「毎月勤労統計調査」.

出所は上に示した.

第二に、世界の先進国中で最長労働時間の日本人ではあるが、過去と比較すると労働時間は短縮している。なんと高度成長期の一九六〇年代では年に二五〇〇時間も働いていたのであるが、この高い勤労意欲こそが貧しさから豊かな国へと歩ませたのであるから、一概に非難されるべきではない。その後、労働時間は減少に転じたが、それは働き過ぎの日本という自責の念が一つの理由であった。さらに、世界に大量に輸出をして貿易摩擦を日本が起こして、非難されて生産、輸出を自粛した効果もある。このように労働時間の短縮は進んだが、今でも働き過ぎの日本人であることに違いはない。

この労働時間が、一日二四時間のなかでどのような割合になっているかに注目してみよう。既婚男性では、勤労時間が約九時間弱、家事時間が約三〇分間、自由時間が約五時間である。既婚女性では働いているか専業主婦かでは違いのあることは当然である。前者にあっては総労働時間が約九時間半（勤労と家事が約四時間半強でほぼ同じ）であるのに対して、後者は総労働時間が約七時間半でその大半は家事労働である。ここでは家事も労働に含めていることに留意してほしい。したがって自由時間に関しては、前者が約四時間半であるのに対して後者は約六時間強でかなり長い。本書では余暇を自由時間と同等とみなすので、自由時間の多い人を順に並べると、専業主婦の約六時間、既婚男性が約五時間、共働き夫婦の妻が約四時間となる。自由時間の長いことが「ゆとりのある生活」の送れる人と評価するなら、専業主婦がもっとも恵まれているとなるが、コトはそう単純ではない。

余暇を何に、どう配分するか

余暇（自由時間）をどう過ごすか、という問題は、古今東西の哲学者が真剣に議論してきたことであった。働くということは本書が強調するように「食べるため」「生きるため」ということと理解すれば、本格的な考慮の対象となりえなかったが、余暇は自由裁量の余地が高いだけに、人間の生き方に直接関係することだったのである。

余暇を特色から大別すると、次の三つに凝縮してよい。すなわち、(一)休息、(二)気晴らし、(三)自己開発、である。人びとは自由時間を、ここで列挙した三つの項目に配分していると考えてよい。

第一の「休息」は、人間は生活の糧を得るために働かざるをえないが、気持ちよく、かつ効率的に働くためには、心身ともに健全であらねばならない、とするものである。翌日の勤労に備えて食事を十分にとって体力をつけ、食後もムダに体力を使うようなことをせずに、静かに休養をとって英気を養うことが大切と考えるのである。言わば労働で酷使した心身を癒し、かつ翌日の労働に備えるための休息なのである。

「休息」を主張した哲学は、むしろ宗教と同じであるとしたほうがよいかもしれないが、キリスト教におけるルター、カルヴァンに始まるプロテスタンティズムによる勤労と倹約の思想と関連づけたい。この思想を後になって体系化したのは、マックス・ヴェーバーの有名な『プロテスタンティズムの倫理と資本主義の精神』であり、プロテスタントが人びとに勤労の尊さを説いたことが資本主義の発展に寄与したのである。資本家に対しては拝金主義に走らずに稼いだ利潤を次期の投資にまわし、労働者に対しては稼いだ賃金を浪費することなく倹約に励んで貯蓄をする考え方も、プロテスタンティズムの倫理と資本主義の精神が合致したものである。

ここで「休息」がどのような役割を果たすかを述べると、次の二つがある。第一に、すでに述べたように心身の癒しの意義である。第二に、稼いだ賃金を娯楽に使うのではなく、静かに休息をとれば倹約につながるのである。

二番目の点は、私の主張する余暇を楽しむことが大切という考え方と相反するところがある。このことは、私が全面的にプロテスタンティズムの倫理に賛成していないことを意味している。

第二の「気晴らし」は、働くということは多くは苦痛を伴うことなので、趣味やレジャーという快楽を得ることによって、苦しみを忘れるためと、そこから人生を楽しむという発想を意味している。余暇に関する文献を読破すると、人びとが余暇をスポーツ、芸術、観光などで楽しんでいるかのような記述が多い。スポーツや芸術はそれを自分でおこなうのか、それとも時には代金を払ってプロのスポーツ、音楽、美術を鑑賞するかの差は大きいが、いずれにせよ余暇を楽しむ手段となっている。これが人にとっての気晴らしなのである。もし費用を払って余暇を楽しむのであれば、その分を稼ぐために働くという行為は積極的に支持してよい。もっとも費用のかからない余暇はごろ寝となるが、これだけでは人生つまらないのではないだろうか。

実は、この第二の「気晴らし」が私のもっとも気に入っている点である。余暇を自分の好きなことで過ごすことが、人生を楽しむ手段として重視すべきと考える。古代哲学から余暇を評価すると、ギリシャ哲学は娯楽や遊びに時間を費やすことは人間を幸福にしないと考えて、自己の精神的向上をめざすような磨き方に努めるべきとした。次の第三番目の「自己開発」に相当する。一方のローマ哲学はギリシャ哲学と異なって「パンとサーカス」という言葉で代表されるように、サーカスは円形競技場での戦車競走や闘技場での格闘技で象徴される市民の娯楽をさしているので、人生を遊ぶことによって楽しめ、ということを主張した。

ギリシャ哲学を禁欲主義、ローマ哲学を快楽主義という言葉で代表させる向きもあるが、この区別に従えば、私が好みとするのは快楽主義の選好ということになるかもしれない。とはいえ、ローマ人が飲酒や性に溺れ、名誉やお金に執着して派手な消費人生を送った姿までは支持しない。むしろ中世哲学の代表の一つであるスコラ哲学は、たとえばトマス・アクィナスによると快楽を求めることを容認はするが、身体的な快楽よりも生活感に立脚した理性的な余暇を推奨しているので、私の考え方に近い。これを私は「気晴らし」という言葉で代表させたい。

第二の「気晴らし」に関しては、偉大な哲学者、パスカルが説いている。薗田碩哉(二〇〇四)によると、哲学者パスカルはこの「気晴らし」を「慰戯」と名づけて、気晴らしが一見人びとを幸福にするように見えるが、実は人びとを不幸にしてしまう可能性があると主張している。現代風に述べれば、役にも立たないテレビ番組を見過ぎたり、どうでもよいプロスポーツの勝負にこだわって熱中したりすることが、パスカルによると空虚感しか残らないということになるのであろう。

このパスカル説に対して私は、歴史上に残る偉大な哲学者ならではの主張なので全否定はしないが、私たちのような凡人からすれば、このような「気晴らし」であっても余暇の一分野として認めてよいのではないかと思う。人間はさまざまな能力・嗜好を持って生まれてくるのであり、その人にふさわしい生き方をすることが、もっとも幸福なのではないだろうか。空虚な遊びの後に何も残らないかもしれないし、プロスポーツの応援に熱中してどこのチームが勝とうがたいしたことではないかもしれないが、それを楽しんでいる人が幸福である限り、「気晴らし」はあってよいと考える。

自分のことを告白して申し訳ないが、私は阪神タイガースの大ファンである。他人からすればどうでもよい勝敗かもしれないが、応援して阪神が勝ったときは至福を感じるし、翌日の仕事への励みとなるので、こういう生活はあってよいと考えている。偉人である宗教家、内村鑑三も第一高等学校（現在の東京大学）の野球試合には熱狂して応援したという。

ただし、遊びやスポーツに熱中し過ぎて、お金を使い果たして生活ができなくなるということとや、これらに時間を奪われ過ぎて勤労時間に食い込むことがあって、生活費に困るということは避けたほうがよい。たとえば、パチンコや競馬に懲《こ》りすぎて無一文になることは避けたい。そういう意味では、遊びやスポーツ、芸術を楽しむことが真にその人の癒しにつながり、翌日の勤労への橋渡しにつながるのであれば、「気晴らし」は最適に稼働しているとみなせるのではないだろうか。

この私の思想に合致することが、オランダの歴史家ホイジンガの『ホモ・ルーデンス』で明確に述べられている。彼は、人間の本質は遊びにあるとし、遊びや気晴らしをしないと気分がすっきりしないと明快に論じ、気分がすっきりすれば翌日の勤労にうまく結びつくと考えている。遊び賛歌である。

第三の「自己開発」は、自由な時間を精神の高揚と教養の向上に充てて、自分自身の可能性を高めるために、知識の探求や技能の修得に努めるのである。現役の労働者であれ、引退した高齢者であれ、専業主婦であれ、余った時間は市民講座、教養講座に通ったり、通信教育を受けたりして、語学、パソコン、文学、芸術などのもろもろの科目を学ぶのが一つの手段である。あるいは自分で学ぶ手段もある。

ここで述べた「自己開発」を哲学史上で評価すれば、古代ギリシャの哲人の教えを起源に持ち、ソクラテス、プラトン、アリストテレスなどは余暇を自分の向上のためにと、教育を受けたり、勉強することを奨励したのである。すでに述べた禁欲主義にも近い。

強調したいのは、ユートピア思想として有名な一六世紀のイギリス人作家、トーマス・モアが『ユートピア』のなかで、一日の労働時間を六時間(午前と午後に三時間ずつ)、昼休みを二時間とするのを理想としていたことである。睡眠時間を八時間とすると、余暇は一〇時間になる。

この長い余暇時間を、モアは快楽に過ごすのではなく、精神の高揚と教養の向上に努めることが好ましいとした。娯楽はせいぜい散歩か読書に限定すべきで、自分を磨くことに精進すべしとした。私からすると読書は娯楽の一部に入れてもよいと思うが、娯楽よりも「自己開発」に精励せよと説いたのである。

この「自己開発」には、二つの種類がある。一つは、自分の職業生活において生産性を高めるために、諸科目を学び修得するものである。たとえば、パソコンを習得することによって、自分の仕事の能率を高めたり、可能性を広げたりして、生産性を高めることにつながる。経済学ではこれを重視して、人的資本の開発と称し、人の生産性を高めることが賃金などの稼得能力の向上に寄与すると考えた。

もう一つは、必ずしも自己の職業生活に役立てるためではなく、自分の教養と趣味を高めるために学ぶものである。たとえば、茶道や華道は多くの場合そうであるし、歴史や文学を学んだり、音楽や絵画の修得もほとんどの場合は、それを学ぶことによって稼得能力が高くなることはない。

これら二つのうち、どちらが自分にふさわしいかは、その人のおかれた環境と好みに応じて決めればよいことなのである。

第5章　いま、何をすべきか

これまで、安定して安心感のある経済生活、そして心豊かで楽しい人生を送るにはどうすればよいか、いろいろ論じてきたが、これら一般論のなかでもそれをおこなうのがむずかしい人、換言すれば弱者と呼ばれる人が存在する。それらの人にもここで述べたような経済生活、心豊かで楽しい人生を送ってもらえるように、それぞれ若い世代、高齢者、女性、地方に住む人(中央と地方によって生じる格差)、に注目して望ましい政策を考えてみたい。

若い世代

若い世代が遭遇する困難は、本書でも述べてきたように、仕事がない(すなわち高い失業率)、仕事があったとしても非正規労働にしか就けずに労働条件が悪い、結婚できないほどの低い所得、などいろいろある。

二〇年以上前であれば、欧米における若者の高い失業率と比較して、日本における若者の失業率は低かったが、今や日本の若者の失業率も一〇%に達しようとしており、深刻な状況にある。もっともごく最近には改善の兆しがあり、好ましいことである。

なぜ若者の失業率が高くなり、さらに所得が低いのか。日本経済の長引く不況、あるいは長期のデフレ傾向はすべての国民に影響が及ぶ理由なので、それ以外の若い世代特有の理由に注目する。

(一)未熟練の若者の増加：昔の日本企業であれば、未熟練かどうかを気にせず、新規採用後に自社で訓練を施していたが、企業に余裕資金がなくなり、即戦力を求めるようになった。これに関して、企業は新卒生の一括採用方式をおこなっているので、とくに不況が深刻な年には企業が新卒採用を控えるようになった。そうすると一度採用から外された新卒生は就職氷河期のなか、その後も厳しい人生が待つことになった。

(二)学校教育における実務・技能教育の欠如：企業が新入社員の訓練をおこなうという慣習があったため、学校でそれをする必要がなかった。それに受験戦争のなかで、教育の中心が学問の修得だったので、高校生は国語・数学・英語などの受験科目、大学生も人文科学・社会科学を中心にした純粋学問だけを勉強していた。

(三)親の経済支援：昔の若者は親が貧しかったので、子どもは学校を卒業したらすぐに働かざるをえなかった。その後、親の所得が高くなったので、子どもに収入がないとか、収入があっても低いときには、親が経済支援をするようになった。フリーター、ニートなど若者に特有な姿を可能にした要因の一つとなった。すなわち一部の若者は、フルタイムで働かなくとも食べていけたのである。

（四）非正規雇用の急増：一昔前であれば、働くならフルタイムというのがふつうであったが、企業側の労働費用節約の方針と、働く側の多様な働き方の希望という、両者の思惑が一致して、パート、アルバイト、期限付き雇用、派遣労働などという非正規労働者の数がここ二〇～三〇年で増加した。この動きに若者は巻き込まれて、不安定な雇用なり低賃金で苦しむようになった。もとよりこの動きは若い世代だけでなく、次に述べるように女性にも影響を与えた。

以上に列挙した要因が重なり、そして当然のことながら日本経済の長期不振もあって、若い世代の受難の歴史が続いているのである。

少子化の進行により若者の労働供給は減少しているので、本来ならばそれほど深刻にならないはずなのに、若い世代がいろいろなことで悩み多き人生を送っている現状を打破する対策を、先に挙げた要因別に議論していこう。

（一）に関しては、若者の働き手としての技能を高める策に尽きる。具体的には、高校、短大、大学における教育内容を、リベラルアーツあるいは学問だけでなく、実務・技能の修得中心にシフトすることが望ましい。

それと専門学校や専修学校で学ぶということを、社会はもっと容認して、これらの学校への支援策を強化してほしい。極端な例かもしれないが、大学の医学部での医者養成という技能教育には巨額の国費を投入しているが、理容・美容専門学校での技能教育には国費投入はゼロに近い。どちらも職業人の養成という意味では同じである(橘木二〇一四b)。

最後に、企業は新卒一括採用だけにこだわらず、中途採用にもっと熱心になってほしい、という希望を述べておこう。

(二)に関しては、(一)と共通する点がある。学校教育があまりにも受験対策に集中し過ぎていた点を改める必要があるが、これはよい方向に向かっている。大学全入時代に入ったことにより、大学受験の厳しさはごく一部のトップの大学だけに限定されており、多くの人は受験戦争から外れる時代になっている。勉強しなくてよいその空いた時間に、高校生はもっと実学・技能教育を受けるようにしたい。大学生も同様に、これらの教育を受けられるようにしたい。

(三)に関しては、自分の子どものかわいいことはよくわかる。たとえば、イギリスの家庭では、一〇代も後半になると子どもを家から追い出すくらいのことをする。この風習が社会に根づくと、一人で食べていけない若者が多く出てしまうが、企業、政府は何とかせねばならないと思うようになる。現にイギリスは、「ニューディール政策」として労働党・ブレア政権のときに、若者に仕事を与えることと職業訓練事業をおこなって、若者の失業率を大きく削減した歴史的な経験がある。日本の親も、引きこもりの子どもには注意深い対処が必要であるが、ときには子どもの自立をうながすぐらいの度量を持ってほしいものである。

(四)に関する政策は、すでに本書でも述べた。非正規労働を望む人もいるので、すべての労働者を正規労働にするという案はふさわしくない。むしろ、両者に横たわる身分上による処遇の差を縮小することのほうが大切である。

高齢者

高齢者の問題は、経済的な貧困者が多数いること、一人住まいの孤独な人の存在、充分な医療・介護サービスを受けることのできない人、などで特色づけられる。当然のことながら、高齢者全員ではない。なお、橘木(二〇一六b)では高齢者の間に格差の存在することを「老老格差」と称して、詳しく検討していることを付言しておこう。

ここで若者に関して述べたように、社会的、経済的に恵まれない高齢者がなぜ存在するかを述べておこう。

(一)家族の変容：戦前と戦後の一〇〜二〇年の間、年老いた親の面倒をみるのは成人した子ども、多くの場合は長男の「嫁」、あるいは親族の役割であった。それは経済支援、介護など多岐に及んでいた。ところが三世代同居の大家族から核家族に移行し、また家族間の絆が弱くなり、さらに単身で暮らす人が増え、高齢者のことが一挙に社会の大きな問題となった。具体的には、すでに述べたように貧困をはじめ、さまざまな問題の存在である。あるいは三世代同居の場合においても、見えにくい深刻な問題があったのかもしれない。

家族の絆がどのように弱まったのか、その歴史的な背景や人間関係の変化の過程の詳細については、橘木(二〇一一、二〇一五)に譲り、ここではいくつかのキーワードを用いて、それを説明しておこう。

(ⅰ)子どもが親の職業を継ぐことが減少した。(ⅱ)家父長制度への「信仰」が薄らいだ。(ⅲ)宗教心の低下。(ⅳ)個人主義の浸透。(ⅴ)社会保障制度の登場と発展。(ⅵ)成人した子ども自身が働くことと生活することで忙しい、などが主たる理由である。まだ大多数の家族は絆をなんとか持ち続けているので、各種の問題はそう表面化していない。しかしごく一部の事件(たとえば白骨化した老親の発見など)が目立つようになり、深刻な社会問題となっている。

(二)社会保障制度の不充分さ：一部の高齢者にとっては、年金、医療、介護などの社会保険給付が十分ではない。これが、いまの貧困がなぜ生じたかを説明する最大の理由である。場合によっては引退(定年)前に充分な保険料を支払っていなかったことにも原因があるので、本人の責任もあるが、政府や社会がそのための制度を用意しなかったことにも責任がある。たとえば、労働時間の短い労働者は社会保険制度に加入できなかったとか、専業主婦は被扶養者として扱われて独自で社会保険制度に加入できなかった、といったことである。

(三)人びとの寿命が延びたこと：第二次世界大戦前後には日本人の平均寿命は五〇歳ほどだったが、二〇一四年では、男性八〇・五〇歳、女性八六・八三歳である。戦後七〇年の間にこれだけ延びたのは医学の進歩、人びとへの予防対策の浸透などで説明されるが、予想以上の延びは高齢者対策が追いつけなかったことを暗示する。現に予想以上の少子高齢化の進行は、年金、医療、介護などの諸制度の改正を遅らせてきたのであった。高齢者のみならず、全般にわたって将来の生活への不安感が高まっている。

以上のような理由が重なって、高齢者問題は深刻となっているが、対策をいくつか考えてみよう。

(一)の家族の変容に関しては、対策は三つある。第一に、家族の絆を元の姿に戻す、第二に、家族が助け合わないのなら自分で面倒をみる(すなわち自立)、第三に、政府などの第三者が支援する。換言すれば(一)では過去の「美しい」日本の家族のあり方に戻す。「美しい」という言葉は一部の論者が好んで用いているのでここで借用したにすぎない。(二)はアメリカ型の自立に期待する。(三)はヨーロッパ型の福祉国家にする、ということになる。

第一の案について述べると、現政権は憲法を変えてまでも、家族は愛情を持って助け合わねばならない、という条文を入れたいようである。この案は成功しないと思う。家族の絆の弱まったのは、日本人の選択によって発生したことなのであり、その精神を上からの指導で変更するという案は、すでに述べたように専制君主や独裁者の登場のない限り不可能なことである。自由民主主義の定着した日本であれば困難なことである。

第二の案と第三の案は、いま日本が直面していて、そろそろどちらかを選択しなければならない時期に到達している。自立の道を歩むのか、それとも福祉国家への道に歩むのか。第3章の表3-1が参考となる。

自立の道にいるアメリカは、社会保障給付費が対GDPに占める比率は小さい。日本は現時点ではアメリカに近い数字なので自立の道、アメリカ型に近いと言える。一方、福祉国家のスウェーデンは対GDPの比率が大きく、ドイツもそれに近い。スウェーデンやドイツの人びとは、高い税や社会保険料の負担を受け入れているが、それに見合う福祉サービスを国家から受けられる、という信頼感があるのでこの案を選択しているのである。

日本の場合には、家族が福祉の担い手で、政府による社会保障支出に頼らなくてよかったので、表3-1のように対GDPの比率は小さくてもよかった。一方のアメリカは家族ではなく自立が建国以来の基本精神なので、これまた政府による社会保障給付費の対GDPの比率は小さくてよかったのである。

このように日米両国は社会保障給付費の対GDPの比率はともに小さいが、その発生理由は異なる。すなわち、日本では社会保障の担い手が家族であり、アメリカは自分が社会保障の担い手だったからである。

日本の選択肢は二つある。ひとつはアメリカ型に近づく案であり、もう一つはドイツ型、スウェーデン型の福祉国家という案となる。私個人の好みはドイツ、スウェーデンのどちらかである。ドイツとスウェーデンを比較すれば、経済成長率の高いスウェーデンが好ましいと多くの人が思うだろうが、日本は経済成長を求めるのが困難であるという本書の主旨もあるので、ドイツ型にならざるをえないという結論に至る。

そうすると、究極の選択肢はアメリカ型の自立か、ドイツ型の福祉国家になるが、これは日本国民全員による選択で決めるべきことである。なお、ドイツ型はスウェーデンと比較すると、中福祉・中負担の福祉国家ともみなせるので、高福祉・高負担の福祉国家とは異なるとも言える。

(二)の高齢者の福祉サービスに関しては、もう引退している高齢者に関しては、社会保険料を払う機会をすでに失っている。そこで前節で主張したような年金、医療、介護などの保険料を上げて制度の充実を図る案は不可能である。一つの案としては、高齢者も負担する消費税の収入を、不足する現在の高齢者の年金、医療、介護などの給付の補てんに短期的にまわすということが考えられる。

この(二)に対する対処としては、基本的にはこれから引退する高齢者、すなわち現役で働いている人の将来に備えて、社会保険料のアップを含んだ社会保障制度を充実させる案がある。すでに引退している高齢者に関しては、短期的な対処策、すなわち生活保護制度か、医療と介護の給付増に頼らざるをえない。これを高齢者用の生活保護制度とみなすことも可能である。詳しいことは橘木(二〇一六b)を参照されたい。そのためには、先に述べた消費税収入をそれらの給付にまわす案が有効な策となる。

(三)の平均寿命が延びたことに関しては、社会保障制度の抜本的な改革を通しておこなうしかない。必要な財源は、これまた消費税収入を充てるしかない。ヨーロッパの消費税率は社会保障給付の財源確保のため、二〇%台に達している。少子高齢化のなかにいる日本もこれまで以上に消費税収入が社会保障充実のために必要となるであろう。ただし、消費税には逆進性があるので、食料品などの軽減税率、あるいは給付つき税額控除などの措置が必要である。

女性

どのような女性が代表的な弱者であるかと問われれば、それは高齢単身で住んでいる人と、子どもを抱えながら働いて生活している母子家庭である。あるいは職場で差別を受けて、地位が上昇せず賃金が低いとか、非正規労働者という労働条件で働く女性もそうである。まさに格差社会のなかで生きている女性は、さまざまな分野で苦しい働き方と生活を強いられている。女性がこのような状況にいる要因を、いくつか列挙しておこう。

(一)性差別：第1章で機会の格差を論じたときに女性への差別を論じたので、差別に関する一般論はここでは言及しない。女性差別はよくないことと多くの日本人は感じているが、現実の社会ではまだまだ残存しているし、いろいろなところで結局は不利な生活を強いられている。たとえば高齢単身女性の生活苦に関しては、専業主婦で暮らしていた女性が高齢になったとき、国民年金を受ける資格はあるが、夫が死亡したときには夫の厚生年金での遺族年金をいくらか受けるだけである。この遺族年金については、勤労していた女性から働いていなかった

（つまり保険料を拠出していなかった）のに、年金給付を受けるのは不公平だとの反対論が強くなり、遺族年金制度は縮小の方向にある。今までは専業主婦には「内助の功」があったとして、配慮されていたのだが、今後はこの方向には進まないだろうと予想できる。

母子家庭の生活苦はすでに述べたが、もし専業主婦が離婚したとか、その夫が死亡したとき、技能がほとんどない女性は働きたいと思っても条件のよい仕事はない。低賃金に苦しむことになるのは明白である。

（二）家事、育児と介護の責任：一昔前の経済学では、夫も妻も「男は外で働き、女は家で家事と育児」の主義に賛成していれば、家庭での男女の分業は最適行動にあると評価していた。お互いの特技をフルに発揮できるからである。

しかし女性の高学歴化や夫から経済的に独立したいので働きたいとの希望が強くなると、本来は夫も家事・育児をせねばならないのであるが、伝統と因襲から現実には妻に家事と育児が押しつけられたままである。家事労働のつらさに関する女性からの告発、竹信美恵子（二〇一三）の主張には印象深いものがある。

なお育児に関しては、本来ならば夫と妻が同等の責任を有することである。しかし、女性はほぼ一〇カ月間の妊娠経験を経て産むということから、女性のほうが育児にふさわしいという思い込みが人間社会にあるので、どうしても女性に責任が向かう傾向が強い。離婚する夫婦では、子どもの親権はまだ母親になることが圧倒的に多い。

また高齢者の介護は女性がおこなうべしとの通念が強く、女性は夫の親か自分の親の介護にあたらねばならなかった。これからは女性だけでなく男性も親の介護をするようにならないと、女性が社会で活躍する場を得ることができない。これは徐々にではあるが、その方向に進んでいる。

(三)女性の教育水準が低い：女性の教育水準がまだ男性と比較して低いことは詳しく論じたので、ここではそれを再述しない。いま働いている世代では、女性は男性よりも低い学歴しか得ていない場合が多いので、たとえ働いたとしても男性と比較すると、昇進や賃金で不利とならざるをえない。

以上が、女性が働き方や生活上でハンディを背負う要因であるが、これらをどう変えれば女性の人生は輝くようになるのであろうか。

(一)の差別については、家父長制への思いは日本人から消えつつあるし、人権問題への意識も高まりつつあるので、今後は徐々に性差別はなくなるであろう。

問題は専業主婦志向の動向である。図5-1で示すように、女性労働力率におけるMカーブ

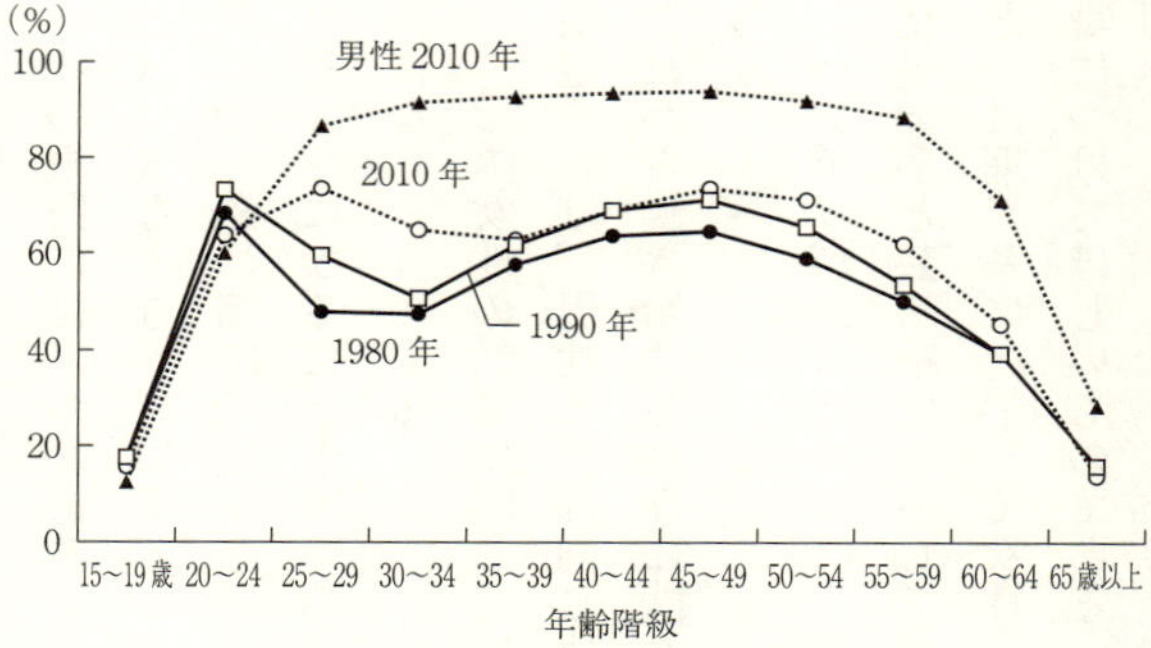

図 5-1　女性の年齢階級別労働力率
出所：総務省統計局「労働力調査」ほか参照.

の「へこみ部分」の程度が小さくなっているので、既婚女性で働く人の数は確実に増加している。すなわち専業主婦志向は弱まっているのである。しかし、二〇代後半から四〇代前半までの「へこみ部分」以外の年代の女性に関しては、図が示すようにここ三〇年ほど労働力は上昇しておらず、全年齢という全体で評価すると、女性の専業主婦志向の弱まりはそう大きなものではない。一部にまだ根強い専業主婦志向が残っている。

ここで(二)が登場する。すなわち、家事と育児を女性に押し付ける風潮が弱まらない限りにおいては、どうしても女性の労働力は高まらないであろう。あるいは働いたとしても非正規労働を選択せざるをえず、労働条件を改善することは困難となる。この問題に関して、私はやや楽観視している。すなわち男性や夫の意識の変化が起きて、家事と育児に積極的に協力する男性が増加するものと予想している。

その根拠には二つがある。まず、すでに述べたように日本社会において家父長制への思い入れはほぼなくなっているし、女性が活躍しないと日本はダメになるという認識が高まっている。次いで、欧米諸国で発生している現象に遅れて二〇〜三〇年してから、日本人はそれを受け入れるようになることが多いので、将来の日本は欧米諸国のように男女が共同して生きていく時代になりそうである。

(三)の女性の教育に関してであるが、いまの若い世代の女性、すなわち一〇代から二〇代に限定すれば、男性とほぼ同じ比率で四年制大学に進学している時代となっている。したがってこれから働き始める女性に関しては、すでに働いている年代の女性ほどのハンディはないであろう。

ハンディがあるとすれば、次の二つである。第一に、女性が大学で学ぶのが文学部などの人文科学系と芸術系に集中しており、仕事に就いて働くという点で不利である。もっと社会科学、とくに理科系に進学して女性への差別の余地がなくなるように、働くときに役立つ高い技能を身につけてほしいものである。

第二に、金融機関を筆頭にして、男性は将来の幹部候補生になりうる転勤ありの総合職、女性は補助的な仕事に就く転勤なしの一般職（最近は身分制を隠すために、地域限定総合職と呼ばれることもある）と区分している大企業がかなり存在する。三〇年以上前の男女雇用機会均等法への隠れ蓑として成立した身分上の差別であるが、これが総合職女性の数を極力抑制してきた理由である。

この問題に関する企業側の弁解は、総合職として女性を採用しても結婚や出産、あるいはほかの理由でもって退職する女性が後を絶たないので、結局は最初から総合職の採用を控えるというものであった。しかしゼロ採用にすると、男女雇用機会均等法に違反するのでほんの少しだけ新卒女性の総合職を採用したのである。

総合職・一般職の身分区分に関する私の持論は、次のようなものである。

第一に、男性だけに総合職、女性だけに総合職・一般職の区分を設定するのは不公平なので、男性にも一般職があってよい。本書の主張の一つは、全員がガムシャラに働く社会でなくてもよいというもののため、そこそこの勤労を望む男性がいてもよいのである。

第二に、第一で述べたことを導入したうえで、さらに総合職の女性の数をもっと増加させる策が必要である。これについては、大企業が乗り気でないのなら、法律で決めてクオータ制の導入が望ましい。ヨーロッパ諸国では法律で女性の経営者なり管理職の比率を何％以上にせねばならぬ、と決めてクオータ制を導入している国が多い。女性の総合職の比率達成を強要する案も、これにならったものである。

中央と地方の格差

最後の弱者は、地方に住む人びとである。大都市(あるいは中央)に住む人びとと地方の小都市・町村に住む人びとの間では、種々の格差が存在する。代表的には所得、賃金という経済格差であり、他にもいろいろな分野の格差がある。前者の人びとは経済的に豊かな生活、そして文化的に質の高い生活を送れる人が多いが、一方で後者の人びとは大都市より低所得で、そして文化的にも恵まれない生活を送る人が多い。

その一端をいくつかの表で確認しておこう。表5-1は四七都道府県の一人当たりの県民所得、表5-2は県別の大学進学率を示したものである。理想を言えば県別でなく、市町村別に見た統計表のほうが、格差が鮮明に出現するので望ましい。なぜならば県内における市町村間の格差はかなり大きいからである。ただしそれらの市町村の数は非常に多いので、ここでは県別の数字で代替する。

県民所得に関しては、東京都が約四三一万円でダントツのトップの高さである。第二位の滋賀県が約三二七万円なので、およそ一〇〇万円の差である。一方のもっとも低い県民所得は沖縄県の約二〇三万円であり、東京都の半分にも満たない。下位の県においては所得差は東京都と滋賀県の差よりもはるかに小さく、ほとんどの県が二〇〇万円から二二〇万円台という低い額である。

表 5-1　1 人当たりの県民所得

（2010 年度，単位：1000 円）

高い県			低い県		
東京(1)	4,306	149.7	長崎(41)	2,290	79.8
滋賀(2)	3,269	113.6	秋田(42)	2,234	77.7
静岡(3)	3,100	107.8	鳥取(43)	2,178	78.6
愛知(4)	3,035	105.5	岩手(44)	2,234	77.7
茨城(5)	2,978	103.5	宮崎(45)	2,211	76.9
栃木(6)	2,938	102.1	高知(46)	2,178	75.7
神奈川(7)	2,910	101.2	沖縄(47)	2,025	70.4

注 1：左側の数字は県民所得の額（単位は 1000 円），右側の数字は全国平均を 100 としたときの指数．
注 2：県名に添えられたカッコ内の数字は県別所得の高い順序．
出所：日本政策投資銀行『2014 年版 地域ハンドブック』．

県民所得の高い県は、東京・大阪・名古屋の大経済圏のなかにあり、愛知県、神奈川県のように名古屋市、横浜市という大都市を含んだ県である。経済活動の活発な県が一般に県民所得が高いのである。大阪市を含む大阪府、京都市を含む京都府、神戸市を含む兵庫県は、地域内で所得・賃金の低い市町村が多いので、平均すると県民所得は高くはなくなる。

県民所得の低い県は、九州、東北、四国といったように中央からかなり離れた県であり、経済活動水準の低いことが原因となっていることは確実である。

県別の大学進学率を表5-2で見てみよう。この表

表 5-2　県別の大学進学率

（2012 年，単位：%）

高い県		低い県	
京都(1)	66.4	山口(41)	42.2
東京(2)	65.7	佐賀(42)	41.4
神奈川(3)	60.6	青森(43)	41.2
兵庫(4)	60.0	岩手(44)	41.0
広島(4)	60.0	鹿児島(45)	40.4
奈良(6)	58.7	北海道(46)	40.2
愛知(7)	58.5	沖縄(47)	36.2

注：県名に添えられたカッコ内の数字は大学進学率の高い順序.
出所：日本政策投資銀行『2014 年版地域ハンドブック』.

で印象的なのは東海道・山陽新幹線沿いの大都市、それの近郊地域の都府県の進学率が高いことである。あるいは県民所得の高い県の進学率が高いと言ってよい。一方の進学率の低い県は、県民所得の低い県が並んでいる。この表に含まれていない高所得の県と低所得の県まで含めれば、大学に進学するには、家計所得の高さがかなり高い影響力を持っていると結論づけられる。ちなみにもっとも進学率の高い京都府は六六・四%、もっとも低い沖縄県は三六・二%であり、県民所得の格差のようにほぼ二倍の差がある。

ではなぜこのように県民所得に大きな格差があるのだろうか。まず大都市には生産性の高い大企業が多く存在している。具体的には、賃金の高いマスコミ、金融、広告といった業界が大都市(とくに東京都)に集中していること、これらの企業で働く人の教育水準や技能水準の高いことが、賃金の高さを背後から後押ししている。

東京一極集中をやめる

戦後のほぼすべての政府・内閣は地域間の格差を是正することを目標に掲げてきたが、ほとんどが成功しなかった。むしろ今では格差の拡大が進行中であると言ったほうがよい。とくに地方の経済を強くするにはどうすればよいかは、どの内閣でも検討されたが、そのほとんどが実行されなかったか、実行されても効果は小さかった。

その一つの対策として、中央政府が集めた税収を地方に移転して、補助金と公共事業支出を通じて地方経済を活性化しようとした時期もあった。中央から地方への所得再分配政策と呼んでよい。この政策がなかったなら格差は今以上に大きくなっていたかもしれず、この再分配政策の実行はムダではなかったが、格差の是正までにはつながらなかった。むしろ補助金と公共事業支出によって、財政赤字蓄積の原因にすらなってしまった。

ここで私自身が考える地域間格差の是正策を書いておこう。

これまでの政策は「地方の経済を強化して、地方に住む人の所得を上げる」というものであったが、私の考え方は逆の発想で「東京の規模を縮小して、その分を地方にまわす」、あるいは「東京一極集中をやめて、八ヶ岳方式（二〇五ページ）に日本を変える」というものである。日本は政治、官僚、経済、文化などあらゆる活動があまりにも東京に一極集中し過ぎているので、その犠牲が地方の弱さを発生させているのであり、その集中をやめるという策が骨子である。そして東京の規模縮小策によって削減された資源、企業、人員が進んで地方に移るようにする政策である。

日本も一時期ではあるが、東京一極集中をやめることを検討したことがあった。大多数の人が東京一極集中の弊害に気がついて、二〇〜三〇年前に首都機能移転計画が本格的に検討された。三つの候補地まで取りざたされ、その地域の土地の値段が上昇したほどであった。政治が地方に移れば企業、マスコミなども移らざるをえないこと必至である。現実に実行される可能性すらあった。

しかしである。一九八〇年代の後半に起きたバブルが後に破綻に至り、日本は長期の不況に突入し、首都機能移転構想は霧散《むさん》の運命となってしまった。それを実行するための財政負担がムリであろう、ということと、まずは日本経済全体の復興が第一の目標となったのである。そしてその目標を達成するために、てっとり早い方法は、東京を筆頭にして大都市の経済をもっと強くすること、と考えられるようになった。再び中央と地方の格差は拡大に向かったのである。いまの安倍政権の経済政策の柱の一つである戦略特区構想は、この流れに沿ったものである。東京など三大都市圏が戦略特区とみなされ、これらの地域の経済を強くすることが主目標になっていることでわかる。さすがにこれでは地方が無視されるという批判を恐れてか、「地方創生」を打ち出して、改造内閣では担当大臣まで新しく設定した。

しかし、東京一極集中をやめるという声は政府からは聞こえてこない。これなら地方経済を強くしようとした過去の政権の政策、そしてその多くが失敗に終わったものと大差ない。東京に一極集中している諸活動の一部を地方に移すという大胆な政策を伴わない限り、地域間の格差を是正することは不可能である、と改めて主張しておこう。

では、具体的にはどのような政策があるのかを書かねばならないが、それには書物一冊ほどの分量が必要である。そのことは「八ヶ岳方式」を主張した橘木・浦川(二〇〇六)に譲り、ここではその骨子を箇条書きだけしておこう。なお「八ヶ岳方式」とは全国に拠点地区の都市を七〜八カ所設定して、それらの経済活動を強くする方策である。

(一)東京に本社機能や工場を持つ企業の地方移転：地方は、あらゆる手段を用いて誘導策を実行すべきである。そのためには、移り住む人の住宅、子どものための教育環境、病院・保育などの保健・福祉施設の充実が不可欠である。このためには中央政府と地方政府の公費の投入はあってよい。

(二)政府機関の地方移転を積極的に図る：過去に考えられた首都機能移転計画を改めて策定

するほどの決意が必要である。これは政府の意思と責任にかかっている。

(三)大学の地方移転を図る：日本の大学生の四〇％が東京圏で学んでいる異常な状態を是正するのである。研究と教育は地方でもできることであるし、むしろ大都市の喧騒のなかにいるよりも静かな場所が研究と教育にふさわしい。人材を地方で供給できるメリットは大きいし、卒業後にその地域の企業で働けるようにするのである。

(四)地方分権の推進：どの内閣も主張してきたことであるが、実行することには成功していない。そのためには道州制に移行する案しかないと思っているほどである。

ここで述べた政策はどれも一〇〜二〇年の期間では成就できないことである。五〇〜一〇〇年の計画と言ってよいかもしれない。国民の間で合意がないと実行に移せないし、既得権益のなかにいる東京に住む人びと、とくに日本を動かしている政治、官僚、経済、マスコミ、文化の面での指導者の多くが東京在住なので、東京一極集中の排除案に消極的と予想できるからである。

東京一極集中が日本にとっていかに好ましくないか、ということを、国民全般、そして東京にいる人びとに対して粘り強く説得していくしかなく、危機意識を持ってもらうことに尽きるが、最近になって増田寛也(二〇一四)によって衝撃的な報告が出て、注目を浴びた。

もう一つ、よい傾向がある。東京一極集中のメリットの一つは、各種の情報を東京にいれば容易にアクセス・利用できることにある。これまでは東京だとすぐに人に会えるとか、役所・マスコミが身近にあるので、情報収集や交渉がすぐにできるとかがあった。しかし、インターネットの急激な発展によって情報はどこにいてもアクセス・利用できる時代となった。別に東京にいなくとも情報収集活動や交渉にハンディがないのであれば、東京一極集中の必要性が低下し、地方にいても同じ活動ができるのではないだろうか。

東京一極集中をやめることは、短期間でできることではない。一度決断して実行に移すとしても、徐々にしか進行しないことは明白なことである。しかし、やらなければならない。

おわりに——私が思うこと

ここまで議論してきたことの総まとめとして、幸せな人生を送るにはどういう心掛けを持ちながら生活すればよいのだろうか。私の思うところを綴ってみよう。

他人との比較をしない

人は生まれながらにして他人との比較をする習性を持った動物である。「幸福論」の一つとして「相対仮説」というのがあって、他人と自分を比較して他人より優位な状況にあれば幸福を感じるし、逆に劣位にあれば不幸を感じる。たとえば所得であれば、低所得の人は高所得の人をうらやましく思うし、逆に高所得の人は低所得の人に優越感を抱く。人間の身体能力、知能、容姿、性格などさまざまな特性において、不幸にして個人によって優劣の差を持ちながら人は生まれてくるので、これに関しても人びとは自分と他人とを比較しがちである。

所得の差が生じるのはこのような才能の違いが影響力を持つことは否定できないが、本人の努力の程度にかなりよるところもあるので、頑張らなかったのは自分の非と思って低い所得へのあきらめがつく一方で、頑張った人が高い所得にありつけたのは自分の努力へのご褒美と思ってよい。

こうした努力によって生じる実績の差で説明できる所得格差に関しては合理性が高いし、人びとの許容するところでもある。しかし問題は、努力とそれに伴う実績・業績以上の所得格差の発生が生じることが多いことである。これは好ましくないと思う。なんらかの政策措置が必要なことは第1章で述べた。

しかしながら、努力に伴う実績・業績以上の所得格差が世の中にあったとしても、他人の高い所得を気にしないことができれば、そのような人に嫉妬を感じなくて平然としていられる。近隣に豪邸に住んでいる人がいて、その家の前を歩くたびに「うらやましい」と思う人がいるかもしれない。不遜なことを言うかもしれないが、意外とここの家庭はバラバラになっているかもしれず、自分の家は小さいかもしれないが、家族の結びつきは強いし平和な家庭であることが何よりの誇りとできるなら、豪邸などは気にならない可能性が高い。要は他人の優位を気にしない人は幸せである。

いや、どうしても自分は豪邸に住みたいと思う人はいてよい。しかし非常に豪華な家ではなくつつましい豪邸であることに限定したい。もとより私の個人としての好みは、うらやましく思わない後者の人であるが、人一倍の努力をして頑張って、実績を上げてから高い所得を得て豪邸に住むことまで否定しない。そういう人がいるからこそ経済は活性化するのである、と私は思うからである。

このように所得の高低に関してはいろいろな解釈が可能であるが、問題は個々の特性の差である。頭のよい人がいればそうでない人もいる、美しい容姿の人もいればそうではない人もいる、身体能力の高い人もいればそうでない人もいるのが、人生の掟である。不幸なことにこれらすべてに、あるいは一つでも優れた素質を持って生まれた大変に恵まれた人もいれば、その逆の人もいる。

これに関しても私は他人との比較をしないように、と強調したい。生まれつきの才能、身体能力、容姿などは自分が希望して決められるものではないし、後天的に自覚することである。換言すれば「神」の決めたことなので、それに逆らわないことである。もう少し具体的に言えば、他人との比較をするから自分の劣位が気になるのであり、他人と比較しなければ超然と生きていけるのである。

しかし比較をしないように、と言ってもかなり無理な注文であることは理解しているので、次のような手段が考えられる。逆の発想をして、自分の優れた点を見つけてそれを一〇〇％生かせる人生を送れば、たとえ他の分野で劣位のある人であっても幸せな人生を送ることが可能となる。自分の優れた点を見つけるには試行錯誤を経験するだろうし、まわりの人からのアドバイスも役立つことがある。長期間をかけて、じっくり自分を観察することに期待がかかる。

私が感動を覚えた事実があるのでそれを紹介しておこう。その人は、それはそれは玉のような美しい声をしていて、人を魅惑する声の持ち主であった。職業を聞くと、テレビやラジオ、あるいは映画などで吹き替えの仕事をしている声優であった。これこそが自分だけが持つ他人より優れた点を一〇〇％生かしていることの代表であり、その女性はきっと幸せな人生を送っているに違いないと確信が持てた。

不肖、私の経験も役立つかもしれない。子どものころは野球が大好きで、夕方遅くまで白球を追っていた野球少年であった。少しだけ野球の技術を持っていたので少年野球では多少目立っていた。将来はプロ野球選手になりたいという希望を持ち始めた。まずは野球で有名な高校への進学をも考えた。しかし身体能力や運動能力の不足は明らかであり、その道をあきらめざるをえなかった。

幸か不幸か勉強が少しできたので、第二の道は学者かな、ということを漠然と思い始めた。しかし大学受験には失敗して、希望する大学には進学できなかった。しかしこの失敗が逆にバネになったかもしれず、秀でた能力には欠けるかもしれないが、猛勉強して能力のなさをカバーしなければだめかもしれないと認識した。それと外国留学というリスクに挑戦したことも大きかったし、アメリカ人学生の猛勉強振りに接したので、自分だけが勉強に囚われているのではないと感じることができて、安心感を持てたこともよかった。非常に生意気なことを言えば、他人のことは気にせず、自分の進むべき道を見つけたら、失敗を恐れずに邁進せよ、ということになろうか。

多くを、そして高くを望まない

他人との比較をするな、に派生することになるが、自分の目標を高すぎるところにおくと、もしそれを成就できないことが起こると、人の落胆はすごく大きくなる。これは不幸の感情を抱くことにつながる。一方で目標が高くないとそれを成就する確率は高くなるので、成功したときのうれしさ、幸せ度は高くなる。

これを別の視点から考えると、心理学でよく用いられることであるが、期待の程度が高いとそれに成功できないときのショックは大きいが、期待の程度が低いと、たとえ失敗してもショックの程度は小さいというメリットがある。一方で期待の程度が低いと、それに成功したとき、逆に喜びは大きくなるメリットがある。「多くを、そして高くを望まない」は「高い期待心を持たない」ということと同義とみなしてよい。

ここで一つの反論が考えられる。それは札幌農学校(現在の北海道大学)におけるクラーク博士の言葉であるが、「少年よ、大志を抱け」というのは日本人が好みとするところである。大きな志、ないし高い目標を掲げることが、努力をうながす要因となりうるので、人間にとって重要なことであるとの認識をする人が多い。

まさにこれらは私の考えに相対する考え方である。後者の思想を否定するものではないし、国や社会にとっては重要なこととなりうるのは認める。しかし、私は前者を好む。その根拠は、日本がすでに成熟社会に入っているので、高成長を求めるとか、といったことは期待されていないし、その必要性もない。したがって、やたらに高い目標を掲げて、それに向けて皆が頑張ることを要請することは成熟社会にふさわしくない。

明治時代のように日本が旧社会から脱却して近代社会をめざし、高度成長を求めるという合意が社会にあるのなら、「志を大きく」という目標は意義があるが、今や日本は近代化、高度化を達成した国なので、安心感のある社会の確保や不公平社会の排除、あるいは人びとの生活水準が低下しないという目標で十分であると判断する。

ここで述べた私の思想には、きっと反対論があるものと予想する。日本における大切な論点として、議論の沸騰を望むものである。

できれば「家族」とともに

第4章で家族のことをかなり詳しく論じたので、ここでは多くを語らずに、提案だけを簡単に述べる。人間は誰かといっしょにいることによって安らぎや楽しみを感じる動物である。そのなかでもとくに心を許せるのは家族である。家族の間では言いたいこと、やりたいことが許されるし、無償の助け合いができる最小の組織である。家族は男女の愛情で結ばれた夫婦と、その間で生まれた子どもが核となっている。

どのようにして男女が出会うのか。一昔前は見合いという制度があって結婚の場は多くの人に与えられたが、この制度が風前のともしびとなり、若者は出会いの場を失っている。ある程度自分で積極的に異性と知り合い、付き合いを始める機会を求めねばならない。うまくいけば燃えるような恋愛をしてから結婚すればこんないいことはない。

しかし、このような男女の結びつきを嫌う人がいても不思議ではないので、単身を続けることまでを否定しない。しかし日本人では家族でいることに最大の満足を得ることが最近の統計(たとえば図4-1)からも報告されているので、できるだけそのような人生を多くの人がおくれるようになってほしいものである。

とはいえ、結婚生活はすべてがうまく進むとは限らない。現実の世界においても離婚率は高まっていることが、その証拠である。幸いなことに世間では離婚を冷たい目で見る雰囲気はなくなっているので、どうしても結婚生活が続けられないのなら離婚に踏み切ってもよい。

そのときの最大の問題は、働いていなかった妻の経済生活と、子どもの生活と教育をどうするか、ということにある。前者に関しては、第4章で論じた「少なくとも健康な人間は、働かないと食べていけない」という冷徹な論理を応用せねばならない。後者に関しては、子どもには責任がないので、離婚した親による養育を義務化する必要があるし、社会においても十分な支援策を準備する必要がある。たとえば母子家庭の子どもは教育を受けるのに大きなハンディがあるので、公的支援によって子どもが望むだけの教育を受けられるようにする。

家族を考えるときに避けることのできないのは、高齢になったときのことである。一昔前の日本であれば、年老いた親の面倒を経済面、福祉面から支援するのは成人した子ども(配偶者をも含めて)の役割であった。これを制度上で担保にするのは、老親・子ども・孫がいっしょに住む三世代住居であった。しかし「三世代住居」は非常に少なくなったし、老親と子どもが別居することは、ごく普通の形態となった。さらに別居の下では、望むと望まざるとにかかわらず経済面や看護・介護面での家族の支援の程度は、かなり低下した。

これらの問題については第4章で詳しく論じたが、そこでの結論は日本はアメリカ型の自立依存か、それともヨーロッパ型の福祉国家に向かうかの岐路にいる、というものであった。詳しいことは、別な本で述べているが(橘木二〇〇〇ほか)、私の主張はヨーロッパ型の志向にあり、家族の絆の弱体化を福祉国家で補償する案である。この案の最大のメリットは、高齢者になってから家族の支援が期待できないのに対処できることである、結婚して家族をもとうとする人の数が減少する予想の下で、単身者の福祉を保障できるメリットもある。

何か一つ打ち込めることを

第4章において余暇や趣味のことを詳しく論じたので、ここでもごく簡単にとどめる。それが具体的に何であるかは個人の選好によるので、それに関してはふれない。なぜ一つだけでも一心不乱に打ち込めることがあれば、幸せにつながるかを考えてみよう。

第一に、自分の好きなことに全精力を注いでいるのであるから、そのときは他のことをあれこれ考える暇はないし、他人との比較をしている余裕もない。そうであれば自分のことだけに集中しているので、他人が自分をどう評価しているかはまったく気にならず、本人が幸せを感じる程度は確実に高まる。

そこで重要なことは、自分の一生懸命やっていることが他人の迷惑にならないことの配慮である。さらに、一心不乱に自分のやっていることが成功するのか、あるいは失敗するのかについては問わない。確かに成功したほうが望ましいが、失敗してもまた次があると思えば気が休まる。むしろそれに至るプロセスを大切にすることが、ここでの主眼である。

信仰をもつことはいいことではあるが

内外の書物や論文を読むと、人間は宗教に出あい、信仰の世界に入ると幸せになる、という論説の多いことに気がつく。たとえばキリスト教は博愛の精神を尊ぶことからキリスト教による人間愛は人を幸せにするとか、仏教は来世の幸福を説くので仏教を今信じるとよいとする。儒教は老若間、男女間、親子間、身分間などに主従の関係を期待するので、秩序ある世界の構築を可能とする。イスラームを一言でまとめるのは困難であるが、礼拝に励むことが幸せにつながるのである。

確かに何かの宗教を信じると、自分一人だけが世の中にいるという孤独感から解放されるし、たとえ不幸や不運なことが発生しても、それは神の思し召しと理解すれば救いの道がありえるので、宗教には一定の価値がある。地球上の何十億の人びとがなんらかの宗教を信じているので、宗教に反対する気は毛頭ないし、それらの人びとの大半はそれによって幸せ度を増している。

しかし一方で、宗教というのは他の人を見えなくてしまう危険性がある。信仰心が強いほど、異なる宗教への敵がい心が強くなる可能性を秘めている。宗教に頼りすぎると反人間的・反社会的な行動のリスクが高まることがある。そういう解釈から、宗教とは、適度な距離を保つことも必要だと思う。

他人を支援することに生きがいを

これはフライ(二〇一二)からヒントを得たことである。人は他人に尽くすこと、あるいは他人を助けることによって、幸せを感じるという指摘から触発されたのである。ボランティア活動を始める人がいる、という事実が、このことを物語っている。

ボランティア活動が無償であるべきか、有償であるべきかは議論の残る点ではあるが、少なくとも他人を助けたいという希望の強い人であることは確実である。他人を助けることに幸せを感じるという利他主義に価値がある、と思う人の気持ちを大切にしたい。しかし一方で利己主義を好む人もいるので、すべての人が利他主義の気持ちを持つように、とまでは要請しない。すなわち、他人を支援することに無関心の人はいてもよいのである。ただし、そういう人は他人からの支援を期待してはならないし、強い自立の精神を持つようでないと生きていけない。

他の人の幸せ

ここまでは自分が幸せな人生をおくるには、どのような心構えと行動が必要か、ということを考えた。ここで最後に大切なことを述べておこう。それは自分の幸福ばかりを考えるのではなく、他人の幸せのことをも考える余裕を持ちたいということである。自分の幸せを追求すると、他人の幸せを犠牲にすることがありうるので、自分の行動が他人の邪魔にならないように、心配りをすることが重要となる。

それと同時に、他人が幸せを追求しているときに、自分がどのような心構えと行動をすれば、その人の幸福の成就に役立つのかを考えてほしいということである。自分も他人も幸せになることができれば、こんないいことはないという、至福の状態である。

では「他人」とはどこまでの範囲をさすのか、ということが問題となる。最初に思いつくのは当然のことながら本書が関心を寄せた家族である。家族は血縁と契約の双方から成り立つが、無償の助け合いが許されるし、また期待もされるので、他人とは誰かという問いの最初にくるのは家族である。家族・親族であっても血縁を含めてその関係において濃淡があるので、その濃淡の程度に応じて、ここで述べた心構えや行動について差が生じることはやむをえない。

次いで登場するのは自分のまわりにいる友人、同僚、知人ということになるが、これはそれらの人との関係の深さや親しみの程度に依存するので、一概にどの人の幸せを考慮するのかとまでは規定できない。時に応じて適宜に判断するしかない。

最後に、他人というのは「日本人全体」あるいは「地球人の全員」ということもありうる。これらの人の幸せにつながることへの配慮ということは、人類にとっての幸せに通じると考えてよい。しかしこういう人を想定すれば、自分の持つ影響力は無限に小さいのであるから、だいそれたことは考えなくてもよい。想像力を働かせて、ただ自分の取る行動が大勢の人にとってどうなのかを、行動に出る前にじっくり考えてから実行に移すことが肝心であろう。

あとがき

『新しい幸福論』をお読みになって、どのような感想をお持ちだろうか。この本には私独自の思想なり社会への見方がちりばめられているので、賛成する方もいるだろうが、こんな甘い考えだと日本経済はますます弱くなって、中国にGDPで追い越されたことに代表されるように、世界での覇権を失うと危惧する人もいるかもしれない。

しかし考えてもみよう。「はしがき」にも書いたように、日本は二〇年以上の少子高齢化により、経済成長は不可能となった。経済大国であることを、もう諦めたといっても過言ではない。麗しい成熟経済の下では、大国をめざす必要などはない。たとえ「普通の国」であっても、一人ひとりが心豊かで幸せな生活を送ることができれば、国民全員が満足感にあふれた国になれるのである。そのためにはどうすればよいかを、本書で議論したつもりである。

くり返しになるが、そのためには、国民全員がまず経済的に生活が保障されていることが前提である。本文でもふれたが、二〇一四年の平均家計所得は年額約四一五万円である。高額所得者が多数いる現状では、平均額を下回る人がかなりの数いることも示している。そのためには、労働による収入、年金、奨学金も含めた教育費、医療・介護費用などを、さまざまな社会政策が支える必要性を考えなければならない。税による再分配政策は、現在のところ弱く、これを見なおすことも重要である。

そのうえで、個人が自分の生き方を真剣に考えて、幸せな生活を送るために自分がどうすればよいかを決めなければならない。それに役立つような資料と論拠を読者の皆様に提供したつもりであるが、私には、それを押しつける気はない。これを参考にして自分にふさわしい生き方を見つけることができれば、それに勝るものはないのである。

論点は企業や政府の役割である。とくに政府に関しては、アメリカ型の自立尊重主義でいくのか、それともヨーロッパ型の福祉国家主義でいくのか、早晩国民は選択をせねばならない時期に来ていることを訴えたい。これまでの日本であれば企業、それに加えてとくに家族が福祉の提供者だったので自助(すなわち自立)も共助(すなわち福祉国家)もそれほど必要でなかったが、企業や家族のあり方が変容していく時代を迎えて、それを補うための手段を選ばなければならない。私の好みはヨーロッパ型の福祉国家であり、経済を弱くすることなくそれの成就は可能だと考えている。とはいえ民主主義の国ニッポンであれば、国民全体でその選択にあたるはずなので、私もそれに従いたい。

本書は私のいままでの研究や主張してきたことの、一つの集大成といえる。そのうえで、新書ということもあり、あまりむずかしいことを論じることなく、わかりやすさを第一として執筆した。もう少し詳しい専門的な議論を知りたい方は、『脱「成長」戦略——新しい福祉国家へ』(広井良典氏との共著)など、巻末の主要参考文献にある拙著を参照していただきたい。

岩波書店の坂本純子氏はよい本に仕上げてくれたので、心より感謝したい。しかし残っているかもしれない誤謬と本文中の意見に関する責任は、著者一人のみにあることを明記しておきたい。

二〇一六年四月

橘木俊詔

洋・高橋秀治・高橋文彦訳，木鐸社（原著は *Sovereign Virtue: the Theory of Practice of Equality,* Harvard University Press, 2000）
堂目卓生（2008）『アダム・スミス――『道徳感情論』と『国富論』の世界』中公新書
中島義道（2001）『働くことがイヤな人のための本――仕事とは何だろうか』日本経済新聞出版社
ピケティ，トマ（2014）『21世紀の資本』山形浩生，守岡桜，森本正史訳，みすず書房
フライ，B.S.（2012）『幸福度をはかる経済学』白石小百合訳，NTT出版
ベル，ダニエル（1975）『脱工業社会の到来――社会予測の一つの試み（上・下）』内田忠夫ほか訳，ダイヤモンド社
増田寛也（2014）編著『地方消滅――東京一極集中が招く人口急減』中公新書
メーダ，ドミニク（2000）『労働社会の終焉――経済学に挑む政治哲学』若森章孝，若森文子訳，法政大学出版局
谷沢弘毅（2005）『近代日本の所得分布と家族経済』日本図書センター
矢野久美子（2014）『ハンナ・アーレント――「戦争の世紀」を生きた政治哲学者』中公新書
山田昌弘（2005）『迷走する家族――戦後家族モデルの形成と解体』有斐閣
――（2014）『「家族」難民：生涯未婚率25％の衝撃』朝日新聞出版
ラトゥーシュ，セルジュ（2013）『〈脱成長〉は，世界を変えられるか――贈与・幸福・自律の新たな社会』中野佳裕訳，作品社
Jost, J.T., Blount. S., Pfeffer. J. and Hunyady, G.（2003）"Fair market ldeology: Its Cognitive-Motivational Underpinnings, *Research in Organizational Behavior*, vol.25, pp.53-91
Helliwell, J., Layard, R. and Sachs, J.（2013）*World Happiness Report 2013*, United Nations
Roemer, J・E（1998）*Equality of Opportunity*, Harvard University Press

主要参考文献

橘木俊詔(2000)『セーフティ・ネットの経済学』日本経済新聞出版社
──(2002)『安心の経済学──ライフサイクルのリスクにどう対応するか』岩波書店
──(2005)『消費税15%による年金改革』東洋経済新報社
──(2009)『働くことの意味』ミネルヴァ書房
──(2010)『安心の社会保障改革──福祉思想と経済学で考える』東洋経済新報社
──(2011)『無縁社会の正体』PHP研究所
──(2013a)『「幸せ」の経済学』岩波書店
──(2013b)『「機会不均等」論』PHP研究所
──(2013c)『学歴入門』河出書房新社
──(2013d)『宗教と学校』河出ブックス
──(2014a)『公立vs私立──データで読む「学力」、「お金」、「人間関係」』KKベストセラーズ
──(2014b)『実学教育改革論──「頭一つ抜ける」人材を育てる』日本経済新聞出版社
──(2015)『貧困大国ニッポンの課題』人文書院
──(2016a)『21世紀日本の格差』岩波書店
──(2016b)『老老格差』青土社
──(2016c)『プロ野球の経済学』東洋経済新報社
橘木俊詔・浦川邦夫(2006)『日本の貧困研究』東京大学出版会
橘木俊詔・木村匡子(2008)『家族の経済学──お金と絆のせめぎあい』NTT出版
橘木俊詔・迫田さやか(2013)『夫婦格差社会──二極化する結婚のかたち』中公新書
橘木俊詔・広井良典(2013)『脱「成長」戦略──新しい福祉国家へ』岩波書店
橘木俊詔・森剛志(2005)『日本のお金持ち研究』日本経済新聞出版社
──・──(2009)『新・日本のお金持ち研究──暮らしと教育』日本経済新聞出版社
ドウォーキン，ロナルド(2002)『平等とは何か』小林公・大江

主要参考文献

天野祐吉(2013)『成長から成熟へ――さよなら経済大国』集英社新書

アレント，ハンナ(1973)『人間の条件』志水速雄訳，中央公論社

――(1995)『暗い時代の人々』阿部斉訳，河出書房新社

池上知子(2012)『格差と序列の心理学――平等主義のパラドックス』ミネルヴァ書房

イリイチ，イヴァン(1977)『脱学校の社会』東洋・小沢周三訳，東京創元社

ヴェブレン，ソースティン(1998)『有閑階級の理論』高哲男訳，筑摩書房

OECD(2014a)『特集：格差と成長』

――(2014b)『格差拡大の真実――二極化の要因を解き明かす』小島克久，金子能宏訳，明石書店

ガルブレイス，ジョン・K.(1960)『ゆたかな社会』鈴木哲太郎訳，岩波書店

菊地史彦(2013)『「幸せ」の戦後史』トランスビュー

ゴルツ，アンドレ(1997)『労働のメタモルフォーズ　働くことの意味を求めて――経済的理性批判』真下俊樹訳，緑風出版

シューマッハ，E.F.(1986)『スモール　イズ　ビューティフル』小島慶三・酒井懋訳，講談社学術文庫

神野直彦(2012)「『格差社会』を越えるヴィジョン――『三つの政府体系のシナリオ』」宇沢弘文・橘木俊詔・内山勝久編『格差社会を越えて』東京大学出版会，第8章，pp.219-258

杉村芳美(2009)「人間にとって労働とは――「働くとは生きること」」橘木俊詔編著『働くことの意味』(叢書・働くということ，第1巻)ミネルヴァ書房，第2章，pp.30-56

薗田碩哉(2004)「現代哲学から見た余暇」瀬沼克彰・薗田碩哉編『余暇学を学ぶ人のために』世界思想社，第12章，pp.188-201

竹信美恵子(2013)『家事労働ハラスメント――生きづらさの根にあるもの』岩波新書

橘木俊詔

1943年兵庫県生まれ．小樽商科大学卒，大阪大学大学院修士課程修了，ジョンズ・ホプキンス大学大学院博士課程修了(Ph.D.)．京都大学教授，同志社大学教授などを経て，現在，京都女子大学客員教授，京都大学名誉教授．専門は労働経済学，公共経済学．
著者に『日本の経済格差』『格差社会 何が問題なのか』『日本の教育格差』(以上，岩波新書)，『21世紀日本の格差』(岩波書店)，『女女格差』(東洋経済新報社)，『女性と学歴』(勁草書房)，『夫婦格差社会』(共著，中公新書)，『老老格差』(青土社)など多数．

新しい幸福論　　岩波新書(新赤版)1605

2016年5月20日　第1刷発行

著　者　橘木《たちばなき》 俊詔《としあき》

発行者　岡本　厚

発行所　株式会社 岩波書店
〒101-8002 東京都千代田区一ツ橋2-5-5
案内 03-5210-4000　販売部 03-5210-4111
http://www.iwanami.co.jp/

新書編集部 03-5210-4054
http://www.iwanamishinsho.com/

印刷製本・法令印刷　カバー・半七印刷

ISBN 978-4-00-431605-3　　Printed in Japan

岩波新書新赤版一〇〇〇点に際して

ひとつの時代が終わったと言われて久しい。だが、その先にいかなる時代を展望するのか、私たちはその輪郭すら描きえていない。二〇世紀から持ち越した課題の多くは、未だ解決の緒を見つけることのできないままであり、二一世紀が新たに招きよせた問題も少なくない。グローバル資本主義の浸透、憎悪の連鎖、暴力の応酬――世界は混沌として深い不安の只中にある。

現代社会においては変化が常態となり、速さと新しさに絶対的な価値が与えられた。消費社会の深化と情報技術の革命は、種々の境界を無くし、人々の生活やコミュニケーションの様式を根底から変容させてきた。ライフスタイルは多様化し、一面では個人の生き方をそれぞれが選びとる時代が始まっている。同時に、新たな格差が生まれ、様々な次元での亀裂や分断が深まっている。社会や歴史に対する意識が揺らぎ、普遍的な理念に対する根本的な懐疑や、現実を変えることへの無力感がひそかに根を張りつつある。そして生きることに誰もが困難を覚える時代が到来している。

しかし、日常生活のそれぞれの場で、自由と民主主義を獲得し実践することを通じて、私たち自身がそうした閉塞を乗り超え、希望の時代の幕開けを告げてゆくことは不可能ではあるまい。そのために、いま求められていること――それは、個と個の間で開かれた対話を積み重ねながら、人間らしく生きることの条件について一人ひとりが粘り強く思考することではないか。その営みの糧となるものが、教養に外ならないと私たちは考える。歴史とは何か、よく生きるとはいかなることか、世界そして人間はどこへ向かうべきなのか――こうした根源的な問いとの格闘が、文化と知の厚みを作り出し、個人と社会を支える基盤としての教養となった。まさにそのような教養への道案内こそ、岩波新書が創刊以来、追求してきたことである。

岩波新書は、日中戦争下の一九三八年一一月に赤版として創刊された。創刊の辞は、道義の精神に則らない日本の行動を憂慮し、批判的精神と良心的行動の欠如を戒めつつ、現代人の現代的教養を刊行の目的とする、と謳っている。以後、青版、黄版、新赤版と装いを改めながら、合計二五〇〇点余りを世に問うてきた。そして、いままた新赤版が一〇〇〇点を迎えたのを機に、人間の理性と良心への信頼を再確認し、それに裏打ちされた文化を培っていく決意を込めて、新しい装丁のもとに再出発したいと思う。一冊一冊から吹き出す新風が一人でも多くの読者の許に届くこと、そして希望ある時代への想像力を豊かにかき立てることを切に願う。

（二〇〇六年四月）